养老服务理论与实务丛书

主　编　张　瑾　冯建光

副主编　徐宏卓

U0965828

养老机构社会工作服务手册

徐宏卓　徐　荣　编著

華東理工大學出版社
EAST CHINA UNIVERSITY OF SCIENCE AND TECHNOLOGY PRESS
·上海·

图书在版编目(CIP)数据

养老机构社会工作服务手册 / 徐宏卓,徐荣编著
. —上海:华东理工大学出版社,2022.1
(养老服务理论与实务丛书 / 张瑾,冯建光主编)
ISBN 978-7-5628-6736-4

Ⅰ.①养… Ⅱ.①徐… ②徐… Ⅲ.①养老院—社会服务—中国—手册 Ⅳ.①D669.6-62

中国版本图书馆CIP数据核字(2022)第008251号

内容提要

本书以社会工作专业价值观为指引,对养老机构和社会工作服务做了全面概述;对养老机构社会工作服务的目标、标准及内容进行了全面分析;对养老机构中社会工作者扮演的角色、知识结构,为入住老年人和照护者开展服务所需的理论进行了全面介绍。在此基础上,本书全面分析了养老机构中开展社会工作服务所需的个案、小组、社区以及个案管理的工作方法,并对机构内社会工作实务进行了分领域的分析,通过社会工作整个服务流程的开展解决老年人面临的问题,如老年疾病、心理困扰、院内生活适应、社会支持等问题。本书的宗旨是研究我国养老机构社会工作实务服务工作内容,以及为广大养老机构同仁开展社会工作实务服务提供参考。本书可作为养老相关专业学生的教学用书,也可作为老年服务机构中专业社会工作者的指导用书。

策划编辑 / 刘　军
责任编辑 / 章斯纯
责任校对 / 陈　涵
装帧设计 / 徐　蓉
出版发行 / 华东理工大学出版社有限公司
地址:上海市梅陇路130号,200237
电话:021-64250306
网址:www.ecustpress.cn
邮箱:zongbianban@ecustpress.cn
印　　刷 / 江苏凤凰数码印务有限公司
开　　本 / 710 mm×1000 mm　1/16
印　　张 / 16.75
字　　数 / 213千字
版　　次 / 2022年1月第1版
印　　次 / 2022年1月第1次
定　　价 / 79.00元

丛书总序

深度老龄化是当前上海城市发展面临的紧迫性社会问题。上海市委和市政府对此高度重视，出台了一系列政策，推动养老服务业提质增效、快速发展。教育领域也积极行动，通过加强专业化的养老服务人才培养，为上海养老服务事业提供强有力的人才保障。在《国务院办公厅关于推进养老服务发展的意见》（国办发〔2019〕5号）、《上海市深化养老服务实施方案（2019—2022年）》（沪府规〔2019〕26号）出台的背景下，上海市教委随即制定了《上海高校养老服务类专业建设三年行动计划》（沪教委高〔2019〕5号），明确以人才培养为根本，以提高质量为核心，支持相关高校建设一批养老服务类专业，通过打造课程、培养师资，切实推动养老服务人才培养。

上海开放大学主动适应区域经济社会发展需要，2018年在上海市民政局的支持下，开设了老年服务与管理专业。通过探索政校合作、立足行业需求、创新培养模式，初步实现了留住行业从业主力的培养效果。2020年1月，上海开放大学首届老年服务与管理专业学生毕业，共有269名学生获得了专科学历，60%以上的学生是一线护理员，他们在提升学历后重新返回养老服务岗位。他们中的很多人成了养老机构的中坚力量，为长三角区域增添了养老、助老的生机与活力。

在人才培养的同时，我们也深感教材的匮乏。老年服务与管理专业对于高等教育而言是一个新兴的专业，是融护理学、医学、营养学、社会学、管理学等学科为一体的应用型专业。过去，高校对于老年服务与管理专业的研究是不够的，教材的编写也主要脱胎于相近专业和学科，较难满足养老服务人员对真实工作场景所需知识、能力的学习要求。因此，我们希望能够开发出与工作岗位联系密切的教材，真正做到“所学即所用”，使学校课堂和工作岗位无缝衔接。基于上述初衷，上海开放大学在上海养老智库的支持下，组织编写“养老服务理论与实务丛书”。本丛书一套八本，包括养老机构员工能力方面三本，即《养老机构员工手册》《养老机构社会工作服务手册》《养老机构实用菜谱》，养老服务机构服务过程方面五本，即《养老机构老人入住流程》《养老机构失智症老人日常照护》《养老机构应急处理流程手册》《养老机构护理服务实用手册》《养老机构老年人个案照护计划指导手册》。

“养老服务理论与实务丛书”能够发挥什么作用呢？也就是丛书的定位是什么呢？我们认为主要有三个方面：第一是学历教育的参考用书。上海开放大学是上海较早开办养老服务学历教育的高校，目前也正在成体系建设养老学历教育的教材，但学历教育仅有教材是不够的，应该配套建设一些教学参考书，拓宽学生的视野和知识面，本丛书就能很好地发挥这样的作用。第二是养老机构的管理指导用书。养老机构的具体业务应该如何开展，如何个性化服务老年人，如何提高养老机构的规范化、专业化水平，这套书对以上这些问题做了比较实用和详尽的阐述。同时，这套书的编写过程凝聚了大量养老服务优秀管理者的实务经验，以及养老机构长期以来的工作总结提炼，这些内容将能够为养老机构管理人员提供比较好的指导。第三是养老职业培训机构的教材。丛书中的任何一本书都集聚了养老行业相关领域专业、实用的知识和技能，可以提高培训机构的培训质量。尤其是对那些刚刚进入养老行业的从业者来说，一开始就使用权威、正规的培训教材，对于其专业认知的提高和职业能力的提升是非常有帮助的。

当然，从时代发展的角度来看，这套丛书还有很多不完善的地方，我们并不认为这八本书就已经涵盖了养老机构服务与管理的方方面面，甚至可以说只是养老机构服务众多领域中的一部分。这些领域的选择一定程度上还受到作者专业的限制，在完整性上可能还存在一定瑕疵。但这些都不重要，关键在于“做”。面对日益老龄化的社会、日益增长的需求、不断提高的服务品质要求，目前无论是养老学历教育还是非学历培训，专业的学习资源都是非常欠缺的。在这样的背景下，我们勇敢地迈出第一步，努力地为这个行业创造一些价值、积累一些成果，也是对这个行业的推动和贡献。尽管还存在一些不完善，但这种“不完善”依然是充满魅力的。我们希望本丛书能为我国养老行业、养老专业的发展尽一点绵薄之力。

最后，在此丛书付印出版之际，我们作为编者依然会感到内心惶恐。相对于其他成熟学科而言，养老服务与管理专业依然属于一个新兴专业。研究人员少，研究成果缺，但与之对应的却是不断提高的老龄化水平和人民对于高质量养老服务的期待。希望广大读者能够不吝赐教，提出宝贵的意见和建议，希冀未来再版时一并修正。

丛书主编、上海开放大学副校长　张　瑾

前言

在家庭小型化、空巢化以及独居老年人和高龄老年人比例不断上升的情况下，机构养老可以帮助解决老年人的衣食住行等日常生活照料问题。在医养结合模式不断发展的背景下，机构养老可以满足老年人对于养老服务和医疗服务的需求。

老年人的需求具有多元化的特征。在基本生活照料服务和医疗服务的基础上，养老机构还应该满足老年人的心理和社会层面的需求，进而实现整体服务。目前，由护理员、医生、护士、康复师所构成的养老机构护理服务人员所提供的护理、医疗和康复保健服务已远远不能满足老年人更高层次的需求，面对这一现状，养老机构应如何在老年人中实现权益保障、政策倡导、社会关系建构，促进他们参与社区活动，解决他们的现实生活问题，提升他们的自我价值感和晚年生活幸福感？

答案是专业社工服务！

然而，当前养老机构社工配置还存在不足。上海市民政局对养老机构从业人员的统计信息显示，截至 2015 年 12 月 31 日，全市 699 家养老机构中有 190 家养老机构配置了社工，共计 316 人，机构社工配置率仅为 27.2%。其中，专职岗位社工有 112 人，占上海市养老机构老年社工总数的 35.13%。

针对社工配置和社工服务发展问题，《上海市民政局关于养老机构发展社会工作服务的指导意见（试行）》（沪民福发〔2016〕6 号）提出了养老机构发展社会工作的意义在于维护老年人权益和高质量满足老年人需求，提高养老机构服务管理水平，并对社工的专业背景、知识要求、配置、服务内容进行了说明。

根据2017年上海智库养老研究院《上海市养老机构社工发展现状研究报告》，上海市老年社会工作还存在老年人权益保障服务、社会支持网络建设服务满意度一般，临终关怀、家庭辅导服务满意度较低的情况。因此，养老机构社会工作服务的发展仍然任重道远。

为了有效满足入住老年人需求、完善养老机构社会工作服务和管理体系，我们特此编写了《养老机构社会工作服务实用手册》。本书的第一章主要对机构养老和社会工作服务做了简要概述；第二章主要介绍养老机构社会工作服务的目标、标准及内容；第三章主要介绍养老机构社会工作者扮演的角色和他们的知识结构等；第四章介绍了在养老机构为入住老年人和照护者开展服务所需的理论支撑；第五章至第八章介绍了在养老机构开展社会工作服务所需的个案、小组、社区和个案管理的工作方法；第九章至十三章则是对院内社会工作实务的介绍，通过社会工作整个服务流程的开展解决老年人面临的问题，如老年疾病、心理困扰、院内生活适应不良、社会支持缺乏等，以一个个案为主线，将整个专业社会工作服务过程串联，清晰展现具体的服务对象的问题和需求、服务情境、服务过程和方法。

本书的宗旨是研究我国养老机构社工实务服务工作内容，以及为广大养老机构同仁开展社会工作实务服务提供参考。书中不足之处，敬请批评指正！

编著者

目　录

第一章

养老机构社会工作概述

传统的机构养老至今依然是老年人普遍选择的养老模式之一，特别是自理能力较弱的老年人。机构养老不仅可以帮助老年人解决衣食住行等日常生活照料问题，并且在现代医养结合模式不断发展的背景下，可以满足老年人对养老和医疗相结合的服务需求。然而，人类是“身、心、社、灵”的统一体，现代人的生存不仅有生理需求，还有心理和社会层面的需求，即便是卧床不起的老年人也并不是只有生理需求。养老机构要想满足这些老年人的个性化需求，就需要社会工作的介入。为此，2013 年国务院出台的《国务院关于加快发展养老服务业的若干意见》(国发〔2013〕35 号)提出，养老机构应当科学设置专业技术岗位，重点培养和引进医生、护士、康复医师、康复治疗师、社会工作者等具有执业或职业资格的专业技术人员。为贯彻落实《国务院关于加快发展养老服务业的若干意见》，北京市(2014 年)、广东省(2017 年)、广西壮族自治区(2019 年)、湖南省(2019 年)，以及江苏省南京市(2020 年)、内蒙古自治区呼和浩特市(2020 年)等地陆续发布了地方性养老机构社会工作服务规范，各自明确了养老机构社会工作服务的概念、服务对象、服务内容、服务方法、服务流程、服务管理等内容。2016 年，《上海市民政局关于养老机构发展社会工作服务的指导意见(试行)》也规定了社工配置、服务内容、服务保障等，致力于提升养老机构的服务水平。

通俗来说，社会工作者在养老机构内为老年人提供的各种专业服务，我们视之为养老机构社会工作。所谓的养老机构社会工作专业服务包括哪些内容呢？服务对象真的仅仅是老年人吗？社会工作者又是怎样的一群人？他们将怎样提供服务呢？在回答这些问题之前，我们有必要先厘清一些基础概念。

第一节　相关概念界定

一、机构养老

机构养老是指在养老机构内，通过规范化的管理手段和方式整合各专业养老服务人员，为入住的老年人提供有偿或无偿的生活照料、精神慰藉、休闲娱乐等服务，从而确保老年人能够获得较高质量的晚年生活。在我国，养老机构一般包括老年社会福利院、养老院、老年公寓、护老院、护养院、敬老院等。

二、养老机构社会工作服务

本书将养老机构社会工作服务的概念界定为以养老机构为工作场域，运用老年学的相关知识，以维持和改善养老机构内老年人的社会功能、提升老年人生活品质和生命质量、促进机构良性治理和持续发展为目的，为入住机构的老年人、老年人家属和机构员工及其他相关社会人士提供的综合性社会工作服务。

三、养老机构社会工作者

养老机构社会工作者是指在养老机构中从事社会工作服务，具有社会工作专业资质或经过专业社会工作培训的老年社会工作者。

第二节　养老机构的类型和服务对象

一、养老机构的类型

根据中华人民共和国民政部（以下简称“民政部”）社会福利和社会事

务司2001年起草并发布的《老年人社会福利机构基本规范》，我国一般将养老机构划分为以下6种类型。

（一）老年社会福利院

老年社会福利院是由国家出资创办、管理的综合接待“三无”（无法定扶养义务人，或虽有法定抚养义务人，但是抚养义务人无扶养能力的；无劳动能力的；无生活来源的）老年人、自理老年人、介助老年人、介护老年人安度晚年而设置的社会养老服务机构，设有生活起居、文化娱乐、康复训练、医疗保健等多项服务设施。

（二）养老院或老年人院

养老院或老年人院是专为接待自理老年人或综合接待自理老年人、介助老年人、介护老年人安度晚年而设置的社会养老服务机构，设有生活起居、文化娱乐、康复训练、医疗保健等多项服务设施。

（三）老年公寓

老年公寓是专供老年人集中居住，符合老年体能心态特征的公寓式老年住宅，具备餐饮、清洁卫生、文化娱乐、医疗保健等多项服务设施。

（四）护老院

护老院是专为接待介助老年人安度晚年而设置的社会养老服务机构，设有生活起居、文化娱乐、康复训练、医疗保健等多项服务设施。

（五）护养院

护养院是专为接待介护老年人安度晚年而设置的社会养老服务机构，设有起居生活、文化娱乐、康复训练、医疗保健等多项服务设施。

（六）敬老院

敬老院是在农村乡（镇）、村设置的供养“三无”、“五保”（吃、穿、住、医、葬）老年人和接待社会上的老年人安度晚年的社会养老服务机构，设有生活起居、文化娱乐、康复训练、医疗保健等多项服务设施。

从上述分类可以看出，迄今为止，在我国除了护养院外，其他类型的养老机构都没有进行功能分类。一般的养老机构收养的老年人涵盖从生活基本自理的老年人直到长期卧床不起甚至需要临终关怀的老年人。这是一种混合型管理模式。在入住养老院老年人的需求日趋多元化的现在，这样的管理模式既不能满足入住老年人的真实需求，也不利于服务质量的提升，进而影响养老机构的发展。为此，近年来，有学者提出有必要对每一所养老机构根据各自的条件、具体情况和特色，找准自己的定位进行功能分类。例如，可以按照老年人需求照料的级别不同将养老院分为重度护理养老院、中度护理养老院和轻度护理养老院三种类型。①

此外，部分地区通过评定养老机构社会工作发展程度来进行机构分类，如广东省和广西壮族自治区要求养老机构根据自身的实际情况，通过自评或委托第三方评定机构类型。例如，广东省根据评估量表将结果分为 A(80～100 分)、B(60～79 分)、C(60 分以下)三类，而广西壮族自治区则将养老机构分为一星级到五星级。但是，在这些地区的养老机构中，养老机构社会工作发展程度的评定类型仅作为开展社会工作服务时的参考指引，不用于养老机构的等级评定和资助依据。

二、服务对象

从本书界定的养老机构社会工作服务的概念可以看出，养老机构社会工作的服务对象包括入住机构的老年人、入住老年人的家属、机构员工及其他有关社会人士等 4 类。

（一）入住老年人

《中华人民共和国老年人权益保障法》(2018 年修正本)第二条规定了老年人的年龄起点标准是 60 周岁，即凡年满 60 周岁的中华人民共和国公民都属于老年人。从目前我国养老机构收住的老年人群体来看，按

① 陈卓颐：《实用养老机构管理》，天津大学出版社，2009，第 2 页。

其自理能力的程度可分为自理老年人、介助老年人和介护老年人。关于自理能力的评估，根据中华人民共和国民政部 2013 年发布的《老年人能力评估》（民政行业标准）中的日常生活活动、精神状态、感知觉与沟通、社会参与等 4 个一级指标进行评定，评估结果分为“能力完好”“轻度受损”“中度受损”“重度受损”4 个等级（详见本书第九章）。

1. 自理老年人

自理老年人通常是指自理能力经过评估达到“能力完好”的状态，日常生活无需他人照护的老年人。

2. 介助老年人

介助老年人相当于能部分自理的老年人，这类老年人的能力经过评估表现为“轻度受损”或者“中度受损”的状态，日常生活中需要他人部分地给予具体帮助或指导，同时他们也需要借助拐杖、轮椅、扶手、升降设备等辅助器具。

3. 介护老年人

介护老年人主要是指完全不能自理的老年人，这类老年人的能力经过评估表现为“重度受损”的状态，日常生活的全部都需要由他人提供服务，完全没有自我照顾能力。

（二）老年人家属

老年人家属是指老年人的监护者以及定期进入养老机构与老年人和养老机构照护者进行交流、沟通的家庭成员。老年人入住养老机构后并不意味着完全与家庭脱离关系，其还需要家庭其他成员的心理支持和精神慰藉。然而，老年人家属在为老年人提供服务或交流过程中可能会遇到棘手的专业性问题，也可能因误解或沟通不畅与机构照护者产生矛盾，此时便需要养老机构社会工作者及时介入，排解困难。

（三）机构员工

机构员工顾名思义是指在养老机构内工作的员工，这里特指与入住老年人直接接触的养老机构照护者，包括护士和养老护理员。养老机构社会工作服务对机构员工提供的服务，可减轻机构员工的照护压力，帮助其进行情绪管理，提升其照护能力与技巧，进而确保老年人获得专业化、人性化且温馨、舒适的日常生活照护。

（四）社会人士

根据实际情况的需要，养老机构会招募利益相关的资助者、志愿者、实习生等社会人士参与机构的运营管理和服务提供。此时，养老机构社会工作者就要为这类社会人士提供服务，以确保他们能更快地融入养老机构的整个运营管理体系。

总而言之，养老机构社会工作的服务对象主要是入住养老机构的老年人，但是为了确保老年人能在养老机构感到舒适、安全并享受到家人般的关爱服务，养老机构社会工作的服务对象还延伸到老年人家属、机构员工以及其他相关的社会人士。

第三节　养老机构社会工作服务的方法与流程

一、社会工作服务专业方法

养老机构社会工作者要为入住机构的老年人提供专业化的养老服务，离不开专业方法的运用。针对养老机构老年人可能出现的各种问题，老年社会工作者可以采用个案工作、小组工作、社区工作、个案管理等专业方法。

（一）个案工作

个案工作是社会工作者运用专业的知识、方法和技巧，通过系列性的专业工作，以个别化的方式，为案主（老年人）提供物质帮助、精神支持和社会支持等方面的服务，充分发掘和运用其周围的各种资源，解决其遇到的问题和困难，并改善个人对环境的适应状况，实现对案主（老年人）的尊重与肯定的过程。

(二) 小组工作

小组工作是由社会工作者策划和指导,通过小组活动的形式,促使小组成员(老年人)之间的互动和经验分享,帮助小组组员改善其社会功能,促进其转变和成长,以解决有关问题的专业社会工作方法。

(三) 社区工作

社区工作是以有社区参与或社会融合需求的老年人为服务对象,通过发动和组织服务对象参与集体活动,提高服务对象自助、互助能力,调整或改善社会关系的一种专业社会工作方法。

(四) 个案管理

所谓个案管理,是针对出现各种复杂问题的服务对象(老年人),单个的服务主体难以有效解决问题时,由社会工作者评估服务对象及其家庭的需求,安排、协调、监督多元主体提供专业化、综合性的服务的专业社会工作方法。

二、社会工作服务流程

养老机构社会工作者为入住的老年人提供专业服务,一般按照以下基本服务流程进行。

(一) 接案

接案是社会工作者服务开展的前提,也是社会工作者与服务对象(入住老年人)建立专业关系的初始阶段。当老年人面临或遇到各种问题时,就需要养老机构社会工作者的介入并提供相应的服务。一般的接案方式包括老年人及其家人主动求助、他人转介、由社会工作者接触而成为服务对象等。养老机构社会工作者面对前来求助的老年人,需要根据老年人的问题和资料进行初步的评估,做出是否接案的决定。对于可以接案的老年人,社会工作者需开展下一步工作;当社会工作者无法提供服务以解决老年人问题时，可将老年人转介给其他机构或人员，并予以说明。

（二）收集资料与预估

社会工作者在接案后，需要通过各种方式收集老年人的资料，收集方式包括：主动询问老年人，向与老年人有关的其他人员咨询，查阅老年人的档案资料，询问老年人的家人等。收集的资料应该涵盖老年人的基本信息（如年龄、性别、籍贯、受教育程度、家庭状况、婚姻状况、经济状况等）、老年人的身体状况（有无疾病、用药情况等）、老年人的特点和能力、老年人所处的社会环境和社会关系等。针对收集的资料，社会工作者需要进行分析，初步评估老年人存在的问题及其影响程度，查找问题背后的原因，寻找和选择解决问题的方法。同时，社会工作者需要对老年人进行需求评估，通过服务提供满足老年人的需求。

（三）制订服务计划

基于服务对象（老年人）的问题，社会工作者需要制订服务计划，设定服务的目的和目标以及介入策略。在制订计划过程中，社会工作者要做到让服务对象参与方案制订工作并尊重其意愿，在双方对服务达成一致意见后，社会工作者需要与服务对象签订服务协议。以上工作是为了在日后服务中明确服务的重心及避免发生冲突和纠纷。

（四）介入

介入是社会工作者针对机构内老年人存在的问题和需求，按照服务计划和介入策略采取实际行动，为老年人提供服务。在这一阶段，社会工作者发掘和运用服务对象（老年人）的内在动机、潜能与其一同寻找资源解决问题。

（五）评估

评估是检查工作成效、总结工作经验和发展养老机构社会工作服务实务的重要环节。在这一阶段，社会工作者主要通过服务阶段性评估和整体性评估，了解每一个阶段的服务效果和服务目标的实现情况。社会工作服务评估常用的评估方法有基线测量法、任务完成情况测量、服务满意度评估等。

（六）结案与转介

1. 结案

当介入计划已经完成、介入目标已经实现、服务对象问题已经解决时，或者其有能力自己独立解决问题时，社会工作者就需要为整个服务进行结案。这一阶段的主要任务有：

(1) 决定并提前告知服务对象结案的时间，让其做好准备；

(2) 检查目标的完成度，总结服务工作；

(3) 协助服务对象回顾工作过程，帮助其巩固已有的改变；

(4) 正式解除专业关系；

(5) 做好结案记录；

(6) 结案时，要处理好服务对象可能出现的情绪反应。

2. 转介

转介是一种特殊的、不成功的结案方式。养老机构的转介又称为转案。当院内社工不能为老年人提供服务或离职时，需要转介给院内其他社工；或者当院内社工部无法提供服务时，需要转介给院外的社工机构。

在社工服务中出现转介的情况一般有以下几种：

(1) 当服务对象与社工发生冲突，不愿意让社工再为其提供服务，并提出更换社工的要求时，需要提供转介服务；

(2) 当社工目前的能力和专业技术尚不成熟，对于解决服务对象的问题表示力不从心或服务目标无法实现时，需要转介给其他社工；

(3) 当社工人员离职或者入住的老年人转院时，需要将老年人转介给院内其他社工或转入其他养老院。

（七）跟进服务

养老机构社会工作者在结案一段时间后，需要对服务对象进行回访、跟进服务，以了解在结案后服务对象的进展是否良好。当服务对象的问题再次发生或出现新的困难时，社会工作者要确保及时提供咨询和介入服务。当然，社工应该在介入期间就与案主探讨关于将来结案后的跟进服务问题，并向案主解释跟进的原因，使它成为整个服务过程中的一部分。

第四节　养老机构社会工作的个人问题和专业问题

养老机构社会工作者在为老年人提供服务的同时，需要面对一些对于老年人和工作人员都非常重要的问题。这些问题包括年龄歧视对于老年人的微妙影响，工作人员对老年人的移情及反移情，老年人对于死亡和逝去的恐惧，社会对老年社会工作职业的专业价值的贬低，以及自立与依赖的冲突等。

一、年龄歧视

对于老年人的年龄歧视，主要是指仅仅出于年龄的原因，对年长者抱有负面的偏见和刻板印象。这种偏见和刻板印象所传递的信息是老年人不具有社会成员所应有的价值，因此受到较低的社会评价以及不公正的社会待遇。这种价值观可能是一种普遍的社会认知，甚至是孩子在幼年时代通过观察自己父母的行为、媒体信息和社会对待老年人的态度而逐渐形成的。

年龄歧视所产生的副作用主要体现在两个方面：第一是对自身而言，由于社会个体存在年龄歧视，当其自身的年龄增长时会产生负面情绪，阻碍个人的自我调整能力，不利于其适应老化所带来的变化，进而影响生活质量和社会适应能力；第二是对于社会而言，当社会成员普遍具有年龄歧视的价值观时，往往为更具破坏性的社会主张提供了“合理的借口”，社会往往以一贯的做法或者保持社会竞争力为由迫使年老者退出劳动力市场，并且缺乏对这一群体必要的人文关怀。年龄歧视使得对老年人的居住安排带有隔离性质，为老年人提供低标准的医疗照顾和总体上对老年人持贬损的态度。尽管在当今的商业领域和社会生活领域，明目张胆的种族歧视和性别歧视言论以及公开的歧视活动都已不再被容忍，但是年龄歧视态度和言论却仍未被完全消除。①

二、移情与反移情

（一）移情

所谓移情，是指在专业服务过程中服务对象（老年人）对社会工作者产生了除正常专业关系以外的情感，包括正向移情与负向移情。正向移情是指服务对象将社会工作者当作以往生活中的重要人物，对社会工作者产生了浓烈兴趣和强烈感情，表现出过于热情、崇拜、爱慕、依恋、顺从等情感与情绪反应；负向移情则是服务对象把原有的情绪转移到社会工作者身上，从而表现出不满、抗拒、敌视、不配合等情感和情绪。

社会工作者在为老年人提供专业服务的过程中要避免和处理好老年人出现移情反应，这是因为：（1）虽然正向移情可能会给社会工作者开展服务提供很多便利，但是老年人可能会认为社工无所不能，对其抱有不切实际的幻想，或者老年人把社工当成权威者而一味地服从与配合等，这些都不利于老年人的自我成长与改变，服务关系的结束还有可能会给老年人造成伤害。（2）负向移情在专业服务过程中更是需要避免和处理的，老年人的负面情感和情绪不利于良好专业关系的建立和维持，也不利于

① 凯瑟琳·麦金尼斯-迪特里克：《老年社会工作——生理、心理及社会方面的评估与干预》，中国人民大学出版社，2008，第17页。

专业服务的开展和服务目标的实现。

（二）反移情

反移情是指社会工作者在提供服务的过程中，把在生活中对某个重要人物的情感、态度和属性转移到了服务对象（老年人）身上。与移情一样，反移情也包括了正向反移情与负向反移情。正向反移情是社会工作者对老年人表现出过于同情、喜爱、热情和关怀等情感与情绪；负向反移情则是社会工作者对老年人表现出敌视、愧疚、厌恶、恐惧、愤怒等情感与情绪。

社会工作者如果出现反移情，就有可能会表现出对老年人的关心或者是排斥等情绪，这些情绪会自觉或不自觉地被带入服务工作中，从而影响到社会工作者对老年人问题的准确把握以及对原因的客观分析。因此，在整个助人工作中，社会工作者要做好反移情的预防与处理工作。

（三）处理方式

1. 事前预防

事前预防，就是要求社会工作者要对老年人有客观的了解，尽量调控好自己的思想和情绪，明确服务目标，处理好专业关系。同时，做好预防工作也需要社会工作者不断丰富专业知识、服务技巧和实务经验，能够灵活应对各种突发情况。

2. 及时察觉

在服务过程中，社会工作者需要具备灵敏的察觉能力和专业的分辨能力，及时发现老年人对自己的移情或自己对服务老年人的反移情，以避免事态的难以控制。

3. 妥善处理

当老年人发生移情时，社会工作者要帮助老年人认清事实，指出老年人存在的不利于专业关系建立与维持的情感，以避免专业关系结束后给老年人造成心理伤害；当社会工作者发生反移情时，社会工作者自身要进行反省与总结，澄清出现反移情的原因，积极寻求社工督导的帮助，如不能及时处理的，应接受心理治疗或者将服务对象转介给其他社工。

三、死亡焦虑

以老年人为服务对象的工作，不可避免地要面对与死亡有关的种种情形。许多老年人在谈到死亡话题时，不像年轻人那么恐惧。老年人见过朋友和家人去世，在一生当中他们也都是思考过死亡对自己意味着什么，是否相信有来世，这辈子是为了什么这些问题。如果能逃脱慢性病的折磨，即所谓“死得快”，许多老年人会认为自己运气好。如果自己伤残或受病痛折磨，他们可能愿意终结这种身体上受折磨的状态。日常生活中老年人往往想与家人谈论葬礼的安排，或者是计划如何处置个人财产，但有些老年人的家属可能会一味地排斥，不愿面对生命岌岌可危的老年人的死亡。这些问题都说明，老年社会工作要求社会工作者不仅要在价值观上自由地接受死亡，要在服务上正确处理因死亡带来的各种事务，而且还要在意识层面身体力行、在死亡话题上与老年人“同频共振”。

对在老年服务机构中工作的社会工作者而言，死亡焦虑也会有不同的表现，最典型的表现是干脆避免直接接触老年人群体，或是避免接触即将去世的个别服务对象。对在工作过程中失去服务对象的恐惧，加上对老年人濒临死亡普遍存在的不自在的感受，造成了一些社会工作者不愿意从事老年社会工作。即使是被吸引进入老年社会工作领域的社会工作者，也可能在工作中受到潜意识中的死亡焦虑影响而感到烦恼。因为对社会工作者来说，死亡这一现实太痛苦，他们不愿去面对。当老年人及其家属最需要社会工作者给予支持的时候，社会工作者可能最没有能力给予支持。①

① 凯瑟琳·麦金尼斯-迪特里克：《老年社会工作——生理、心理及社会方面的评估与干预》，中国人民大学出版社，2008，第 18—19 页。

四、贬低老年社会工作职业的价值

当下的高校专业林立，但选择以老年人为服务对象的专业的学生寥寥无几。即使是在社会工作、社区服务等可能与老年人相关的专业中，选择以老年人为研究方向的学生也是少之又少，很多学生认为自己不知道如何跟老年人打交道，看到老年人会感到害怕。毋庸置疑，目前社会的主流价值观还是以年轻为社会导向，人们恐惧自己变老，也抵触实际上无法抵抗的衰老，这种社会意识会导致对老年人价值的贬低。即使在社会工作专业内部，也存在着所谓的“鄙视链”，贬低做老年社会工作的价值。尽管政府号召、社会舆论吸引着某些人从事老年工作，认为向老年人提供服务的工作是高尚的，但实际上从事这项工作的人们，暂时还不会认为这一工作有声望或者需要高层次的技能。以上所说的这些观念和态度可能会被社会工作者内化，他们在工作中会接收到有关老年社会工作的负面信息。较低的社会评价所带来的失落感也可能会影响到他们的日常工作，造成他们对老年人采取较为贬低的态度。

社会工作者从事老年社会工作，需要有正确的职业认同，同时也需要掌握各种工作技巧。从事老年社会工作，社会工作者的服务对象绝不仅限于老年人，而是要和各年龄段的人打交道，其中包括老年人的子女、亲戚和朋友，甚至也包括老年人未成年的孙辈及重孙辈，这些人都有可能是参与制订服务方案的重要人群。小心保留老年人的自决权，同时认识到家人参与决策过程的重要性是非常复杂的工作，这要求社会工作者有极为完备的干预手法和家庭工作技巧。整合不同的干预，要求有非常广博的知识基础，老年社会工作者必须既是一个专才、又是一个高级通才。与许多更受追捧的实务领域相比，老年社会工作需要更多的技能。[①]

① 凯瑟琳·麦金尼斯-迪特里克：《老年社会工作——生理、心理及社会方面的评估与干预》，中国人民大学出版社，2008，第19页。

五、自立与依赖

中国人常形容老年人“不服老”，这句话的含义是老年人渴望尽可能长期地保持自立，同时，对于家庭和社会，老年人也希望尽可能减少自己带来的“麻烦”。无论初衷如何，这些愿望与社会工作专业价值的目标都是一致的。但现实生活中，随着老年人越来越难以应付日常生活，需要的支持性服务越来越多。老年人的渴望、家属的期待、社会工作者的专业目标之间不可避免地发生冲突。一场病就能让一生都自立的老年人依赖他人，这让他在感情上一时反应不过来。为了保留自尊，老年人可能竭尽全力抵制对他人的依赖，即使让自己身陷险境也不愿依赖他人，他们可能在行动上表现出极端的愤怒，或者向社会工作者和家人提出根本满足不了的过分要求。

还有些老年人表现得过早依赖他人，就其身体状况而言过于消极、退缩。与为自己的自立而战的老年人相反，这些老年人放弃并自愿交出自己照顾问题的自决权，这虽然会使社会工作者和家属在制订照顾方案时容易些，但是制订的方案目标可能有违老年人本意。所以在老年社会工作中，为老年人提供综合性照护服务时，偏重自立还是偏重依赖他人，这是微妙而敏感的问题。[①]

① 凯瑟琳·麦金尼斯-迪特里克：《老年社会工作——生理、心理及社会方面的评估与干预》，中国人民大学出版社，2008，第20页。

第二章

养老机构社会工作服务

中国内地(大陆)的社会工作恢复于20世纪90年代。随着对外开放的不断深化,内地(大陆)的学者、养老管理者不断地走出去,与外国及我国港澳台地区的同行开展交流活动。他们在了解不同文化背景、社会制度下不同养老模式的同时,也接触到了社会工作专业,并逐渐认识到社会工作专业在养老机构中运用的重要价值。进入21世纪后,部分养老机构开始尝试引进社会工作专业人员,其中比较有代表性的就是北京市第一社会福利院和广州市老年人院均于2005年引进了社会工作专业毕业生,设置了社会工作部门和岗位,并开始开展专业服务。[①] 经过20多年的本土发展,现在我国养老服务机构的社会工作究竟是怎样的一个状态呢?而养老机构开展社会工作服务又有怎样的目标和标准呢?本章我们一同来探讨这些话题。

---

① 王春晖:《浅谈社会工作在养老机构中的两种发展模式》,《中国社会工作》2020年第8期。

第一节　养老机构社会工作服务目标和标准

随着我国人口老龄化程度的不断加深，选择机构养老的老年人也在不断增加。为了实现“老有所养、老有所医、老有所为、老有所学、老有所乐”的养老目标，充分发挥社会工作者在养老服务业中的专业作用，不断提高老年社会工作服务质量，中华人民共和国民政部于 2016 年公布了《老年社会工作服务指南》(MZ/T 064—2016)。该行业标准规定了老年社会工作的术语和定义、服务宗旨、服务内容、服务方法、服务流程、服务管理和服务保障等内容。其中一部分涉及养老机构中社会工作者的人员配置，但没有涉及老年社会工作服务的具体目标和标准。从制度而言，养老机构需要一个架构支持社会工作者对老年人提供服务，并监督其提供服务的质量，同时机构内社工也需要与其他专业人士协作，这就显得养老机构社会工作服务的目标和标准的制订尤为重要。然而，目前我国尚未出台国家层面的养老机构社会工作服务标准或规范，本文参照美国社会工作者协会制定的《长期照护机构社会工作服务标准(2003)》的框架，结合我国各地制定的地方性《养老机构社会工作服务规范》，对养老机构社会工作服务的目标和标准做一探讨。

一、养老机构社会工作服务的目标

养老机构社会工作服务旨在提供评估、治疗、康复和支持性照护，并维护和加强社会功能。提供服务需要身体、心理和社会干预以及家庭支持的独特结合，其目标是促进心理、身体和社会功能达到最佳水平。

养老机构社会工作服务侧重的关键领域包括：减轻身体或精神疾病、残疾对社会和情感的影响；保持和加强身体及社会功能；促进必要条件，以确保从长期保健服务中获得最大利益；预防身心疾病和残疾增加；促进与维持身心健康和最佳生活质量。

养老机构社会工作服务的具体目标如下：

(1) 由受过专业培训的社会工作者为老年人及其家属提供直接的社会服务。

(2) 帮助老年人和家属在每个老年人入住期间连续使用机构和社区卫生资源，并从中获得最大利益。

(3) 加强老年人、家属和机构员工及其他相关社会人士之间的沟通，润滑他们之间的关系。

(4) 协助该机构建立和维持一个对每个老年人的最佳生活质量和独立运作至关重要的居住环境，并使老年人最大限度地参与规划活动和政策倡导。

(5) 通过鼓励机构以及老年人和机构员工的社区参与，与广泛的社区资源建立联系，参与其他社会和卫生保健资源的评估和规划，促进设施与社区的互动。

二、养老机构社会工作服务的标准

(一) 伦理和价值观

养老机构的社会工作者应践行对社会工作职业价值观和道德观的承诺，强调老年人赋权和自决权，并应使用民政部制定的《社会工作者职业道德指引》(2012 年)和《老年社会工作服务指南》行业标准作为道德决策的指南。

社会工作者应表现出对基本人权的承认，包括老年人获得最佳水平的社会服务和医疗保健的权利。社会工作者应表现出对职业判断和信念采取行动的意愿，这些判断和信念是由民政部的《社会工作者职业道德指引》规定的。由于认识到养老机构的照护环境是不断变化的，因而社会工作者应通过定期评估和完善社会工作理论和实践来调整服务行为。社会工作者有责任了解并遵守中央和地方的法律、法规和政策。如果两者出现冲突，社会工作者就应使用民政部的职业道德指引和行业标准作为其决策的指南。

（二）服务计划

为了使所有老年人及其家属都能获得专业的社会工作服务，养老服务机构应该准备一份书面计划来确定在机构内提供的社会工作服务。机构所提供的服务计划应以理念、目标和政策的书面声明为指导。

参照西方及我国港澳台地区的做法，为了在养老服务机构中可持续地提供专业的社会工作服务，在养老服务机构内建立一个正式的社会工作服务部门是比较可行及有效的办法，由社会工作部门来具体执行服务计划。服务计划应确保提供专业指导的内容，应记录所提供服务的理念、目标、政策、方案和范围，为每一位入住老年人提供从入住前到出院或临终的一系列专业服务。同时，服务计划还应当努力创造一个促进独立功能的居住环境，使入住老年人保持或恢复到最佳功能水平，提供最高水平的福利，允许老年人、家属以及与老年人护理相关的工作人员最大限度地参与。

服务计划还应遵循但不限于以下内容：

（1）确保选择经过适当培训、受过教育、持有执照或有资格认证的社会工作者。

（2）与照护计划团队和其他参与住院照护的人员进行沟通和协作。

（3）与同事、社区机构、志愿者和顾问合作。

（4）服务和特殊计划的开发和实施。

（5）遵守中央和地方管理机构规定的法律法规。

（6）社会工作者的专业发展和继续教育要求。

（7）维护中央和地方法律及机构规定的老年人病历和报告。

养老机构社会工作者在服务策划中应完成包括但不限于下列工作：

(1) 邀请自己的服务对象或者服务对象家人共同参与服务计划的制订。

(2) 与服务对象或者服务对象家人共同设定服务计划的目标和具体的指标，注意所指定的目标和指标应当是具体的、可达成的、可测量的、能够被科学评估的，并且有具体的起止时间。

(3) 为实现服务计划的目标制订可行的介入方案，可以包括介入的策略、服务的方法、行动的具体步骤、服务进度安排等内容。

(4) 服务计划中还应当包括可能存在的困难、风险，以及应对困难、风险的预案。

(5) 服务计划中应当明确养老机构、社会工作者、服务对象、服务对象家人各自担任的角色以及承担的任务。

(6) 服务计划还应当包括服务评估方案以及所使用的具体评估方法。

(7) 拟定执行服务计划所需的人力支持、经费保障、设备设施的使用等具体资源。

(三) 社会工作部门职责

社会工作主管应对养老机构内所有的社会工作服务负主要责任，包括制订组织计划、行政政策和流程以及协调服务。

社会工作主管的职责包括：

(1) 制订并实施所有养老机构社会工作计划。

(2) 参与预算规划，确定空间和材料要求，确定社会工作人员的资格和人员配置模式，以确保提供符合既定目标的适当和充分的服务。

(3) 实施和监督计划，以确保在每个老年人的病历中充分展示社会工作服务文件，并在书面记录中遵守法律、道德和专业标准。

(4) 建立和管理社会工作计划，提供高质量的照护和服务，反映专业实践标准，并符合中央和地方法律。

(5) 建立和管理质量保证章程，并在适当情况下修改这些章程。

(6) 在机构条件允许的情况下，参与为社会工作实习生、机构员工及其他社会人士提供相关教育活动，通过有计划、可持续的监督与指导，向相关人员传授社会工作专业知识和技巧，提高相关人员的专业技能，并给予情绪上的支持。

(7) 确保社会工作者了解中央和地方法律规定的居民权利。

(四) 计划职能

社会工作计划的职能应包括但不限于直接服务于老年人、老年人家属和机构员工等个人，宣传，照护计划、出院计划和文档编制，参与政策和方案规划，质量改进，与社会服务有关的员工教育，与社区的联络，与其他工作人员的协商等。

社会工作服务的设计应满足老年人及其家属和机构员工的生理、心理、社会需求，并应按照民政部行业标准，以确保保密性和文化能力的方式提供。

具体的社会工作职能可能包括但不限于以下内容：

(1) 提供入院前服务，包括生理、心理、社会评估和参与跨学科评估，评估个人对机构照护的需求，并为即将到来的入住老年人做好准备。

(2) 确定需求并协调服务，以确保每个老年人的生理、心理和社会需求得到满足。

(3) 根据需要参与制订和重新评估个性化社会服务与跨学科照护计划，以满足每个老年人的生理、心理、社会需求。

(4) 协助老年人及其家属查找和使用财政、法律、心理健康和其他社区资源。

(5) 提供个人、家庭和团体服务，重点是维护或加强老年人的生理、心理、社会功能，了解老年人的安置和健康状况。服务可能包括以下方面的协助：与老年人的疾病、残疾、治疗有关的问题、财务和医疗决策，安排和照护，机构间或机构内转移，人际关系，重建社区生活，应对分离、走失、临终弥留和死亡。

(6) 通过制订和实施政策倡导对老年人的适当照顾和待遇，对老年人、机构员工和家属进行居民权利教育，并与长期照护监察员协商。

(7) 确保向老年人提供身心健康社会工作服务，以帮助实现或维持最高的实际心理和社会心理福利，同时帮助表现出精神或心理社会困难的老年人获得适当的治疗和服务。

(8) 为参与行为干预的员工提供资源。

(9) 通过跨学科出院规划和后续服务，促进老年人安全地融入社区。

(10) 参与机构的规划和政策制定，包括与其他员工合作，为老年人和家属提供优质的照护所必需的生理、心理、社会、文化和环境因素，参与所有新员工的入职培训并为在职机构员工进行培训。

(11) 根据需要或要求参与老年人和家属委员会的发展。

(12) 与医务人员和机构工作人员一起与符合条件的老年人和家属讨论预付指示和财务授权书；对于不符合条件的老年人，参与其监护和代理决策的讨论。

(13) 志愿者的指导和监督。

(14) 通过参与社区团体，发起、计划和实施与老年人健康、心理健康和其他福利需求相关的项目，为社区资源的开发做出贡献。

(15) 监督与认证学校或社会工作项目相关的社会工作学生的实地调查。

(16) 参与独立或合作开展的研究和示范项目。

(五) 人员配备

养老机构应具备足够数量的经过适当培训的持证或持证且经验丰富的社会工作和辅助人员，以规划、提供、评估和修改所有社会工作服务。

社会工作者的数量和资格以及所需的咨询水平应基于与社会工作计划的类型、范围和复杂性、机构的规模以及所服务人群的生理、心理、社会需求和特征相关的标准。所有社会工作服务应由具有长期照护经验、社会工作硕士学位或经认可的社会工作学校社会工作学士学位的社会工作者提供。

目前，我国各地养老服务机构中提供社会工作服务的人员配置普遍较少，而且基本上都是以老年人的人数进行配备，并未参考老年人不同的生理、心理、社会等特征及其程度的严重性等因素。

（六）专业发展

养老机构社会工作服务应根据中华人民共和国民政部颁布的《社会工作者继续教育办法》和《老年社会工作者培训大纲》的规定，接受继续教育，提高职业素质和专业服务能力。

为了有效地开展实践，养老机构社会工作者必须保持对长期照护改革和社会工作专业最佳实践模式的了解。加强职业认同和发展的机会包括：参与我国以及其他国家和地区各级的专业组织和联盟；参与专业会议、培训活动和其他活动；协助社会工作知识库的持续建设，为专业刊物的发展和推广做出贡献。

（七）人事政策和职位

养老机构应向每位工作人员提供一份书面声明，说明机构的社会工作部门的人事政策和职位、道德规范以及所有其他相关的民政部的实践标准。

与社会工作计划和机构相关的人事政策应适用于所有员工。每个职位都应有当前的书面职位描述和资格声明。所有员工，包括社会工作者，都应了解和使用人事政策，机构应定期审查、传达和实施这些政策和程序。

（八）文档

向老年人、家属和其他与老年人照护相关的员工提供的社会工作服务必须记录在病历中。

养老服务机构提供的社会工作服务应记录病历中的进度记录和其他社会工作条目,以允许和鼓励社会工作者与医生和其他参与老年人照护的专业人员进行定期和持续的沟通。社会工作者记录的条目应包括以下内容:

(1) 与老年人的社会和情感功能相关的信息。

(2) 关于老年人和家属以及与老年人照护有关的其他员工的相关历史信息。

(3) 社会心理评估,社会工作计划和具体目标。

(4) 提供的服务和结果,总结问题和达到的目标,以及未达到目标的原因。

转介给其他机构或其他社工的有关信息应记录在入住老年人的病历中,并应包括外部机构或个人的任何持续跟进工作或建议。所有的注释都应清晰明了。

进度记录、报告和服务总结应定期记录在病历中,并符合中央和地方法律法规、监管和政策要求,以及组织或机构关于报告、维护和访问记录与保密性的政策。养老机构应制定和实施保护老年人隐私权的政策和章程,包括记录的保密性以及向个人和有关社区机构发布信息的章程。

(九) 工作环境

养老机构应该有足够的预算、空间、设施和设备来满足社会工作计划的专业和行政需要。

社会工作者的办公室必须便于老年人、家属和机构员工使用。养老机构应该为个人、家庭和小组工作、会议、电话和文件提供隐私和保密性,应提供充分反映当前办公室技术需要的标准办公设备。

(十) 文化能力

社会工作者应在多文化理解和能力的背景下为老年人及其家属提供社会工作服务。

我国是个多民族国家，人口众多、幅员辽阔，多样化的人口要求社会工作者提高他们对文化差异的认识和理解。社会工作者必须培养包括增强自我意识、知识和实践技能在内的能力。有文化能力的社会工作者需要了解民族主义、种族主义、地方主义、性别歧视、年龄歧视、同性恋或恐同症和基于残疾的歧视等对老年人生活的消极影响，以及为老年人和与老年人一起消除歧视的必要性。社会工作者必须认识到可能被解释为障碍的民族和文化的差异，并开发有助于改善这些障碍的战略和技能。

（十一）跨学科合作

社会工作者应当理解养老服务是一项"身、心、社、灵"相统一的服务活动，要取得好的服务效果，必然需要多个学科的共同参与。社会工作者应成为综合提供养老机构照护服务的跨学科的中坚力量，并应努力加强跨学科和跨组织的合作。社会工作者应与合作伙伴基于相互尊重、共享信息和有效沟通的关系开展工作。

作为跨学科团队的领导者和成员，社会工作者必须不断了解其实践领域的总体目标、目的和任务，并将其解释给老年人、家属和其他相关专业人士和组织，以保持专业活动和能力。社会工作者应当基本了解促进老年人身体健康、心理健康和幸福的其他相关专业和组织的使命与职能。社会工作者应能与不同学科和机构的专业人员进行适当的沟通、合作和协作。社会工作在养老机构照护体系中的角色和责任应明确界定，并传达给跨学科团队的其他成员。

第二节　养老机构社会工作服务内容

本书根据服务对象的不同，从入住老年人、老年人家属、机构员工和其他相关社会人士四个方面介绍养老服务机构社会工作服务的内容。

一、面向入住老年人提供的社会工作服务

（一）入院服务

1. 资料收集

通过查阅文献档案、观察老年人状况、与老年人及其家人举行会谈、咨询相关人员等方法收集申请入住机构老年人的相关资料。

2. 需求评估

（1）社会工作者与老年人建立专业的、相互信任的社会工作服务关系。

（2）识别和判定老年人存在的问题。通过前期资料收集，分析老人存在的需要干预的问题是什么、由什么原因导致、在什么情况下发生、从什么时候开始发生、除了老人以外还影响到什么人，引发问题的众多原因中关键性的原因是什么，老年人可能面临的风险是什么，是否危及健康甚至生命（如虐待、自杀等），是否需要工作人员紧急介入。

（3）根据需要资源开展综合性需求评估。协调的资源包括机构内的医生、护士及其他岗位工作人员，如果需要也可以包括机构外的医疗及其他从业人员；评估的内容包括但不仅限于医疗需求、康复需求、社会交往需求、个人成长需求等。

（4）需求评估的方法。评估方法包括服务使用分析、现存的统计资料分析、专家咨询、标准化量表测量等。

（5）评估机构的服务能力。机构在客观评估老年人的问题和需求的前提下，审视这些需求的满足是否在本机构能力范围内，是否存在转介其他机构的必要。

（6）共同研讨服务计划。机构在评估后，需要与老年人共同讨论解决问题的优先顺序，与老年人及其家属共同分析可以利用的支持网络和社会资源。

（二）院内服务

1. 制订服务计划

社工应结合前期需求评估的具体情况，邀请老年人（必要时也包括老年人的家人）一起制订个别化的服务计划，明确服务目的，并以具体、可衡量、可达成、可评估、有时限为原则，共同设定服务计划的目标和指标。

服务计划中需要明确社会工作者和老年人各自的任务和角色，避免出现老人单纯地成为服务的接受者的情况。服务计划中要体现完成目标的介入方案、服务评估计划，服务所需的人力、经费、设施等资源保障情况，以及在服务中可能出现的风险及预案。

2. 服务实施

(1) 环境适应

养老机构社会工作服务需要建立评估机制，评估新入住养老机构的老年人的入住意愿、适应状况、社交心理情况等，提供环境导向、咨询服务，协调相关部门和人员做好与老年人照护计划的对接工作；帮助老年人尽快地认识到自己角色的转变，尽快适应养老机构的生活并融入养老机构集体中，激发老年人的生活信心。

(2) 关系调适

社会工作者需要运用社会工作专业手法，协助老年人尽快与院内其他老年人及工作人员认识并调适他们之间的关系，处理老年人与家属、员工等群体之间产生的矛盾，协助老年人建立良好的人际关系，营造和谐、互助、正向的养老机构氛围。

(3) 社会救助

养老机构社会工作服务需要建立评估体系，评估入住老年人是否有需要、有条件接收社会救助。特别是针对“三无”、“五保”、高龄、失能失智以及存在其他特殊情况老年人，养老机构要评估他们的基本物质生活条件、经济状况、健康状况和资源来源等情况，以确定他们是否需要接受社会救助。社会工作者需要协助符合条件的老年人及其家庭获得包括最低生活保障、医疗救助在内的社会救助服务。

社会工作者也可以制定接受社会捐赠的管理制度，帮助有需要的老年人获得来自个人或团体及其他社会力量的捐赠和志愿服务行动。

（4）照护安排

养老机构社会工作服务需要建立老年人需求评估机制。协调不同专业人士为老年人进行全面的需求评估，并据此做好老年人的长期照护安排。

协调不同专业人士为老年人制订跨专业的综合照护计划，定期重检照护成效，做好照护档案管理工作。

（5）心理支持

养老机构社会工作服务能运用社会工作专业手法，借助心理评估量表，有效识别并跟进老年人的认知和情绪问题，及时链接资源为有需求的老年人提供心理辅导，根据需求做好老年人的心理健康教育活动。

（6）休闲娱乐

养老机构老年人休闲娱乐服务内容众多，是养老机构老年人日常生活的重要组成部分。休闲娱乐活动包括益智活动、文艺活动、健身活动、志愿服务、老年教育、外出活动等。在日常工作中，养老机构社会工作者可以根据老年人的兴趣爱好、健康状况、能力情况开展歌唱、绘画、书法、手工等兴趣小组活动；也可以在重大节日期间开展节庆活动，如果能够结合社会资源（如中小学、幼儿园等）开展敬老、爱老主题慰问活动，就能够达到更好的效果。

在开展休闲娱乐服务前，养老机构社会工作者需要制订详细的活动计划书。在活动过程中需要注意以下方面：第一，确认活动场地；第二，制订相关的活动安全预案；第三，将活动提前通知老年人，包括活动的具体时间、地点及注意事项；第四，通知养老机构相关部门做好配合工作；第五，活动现场安排专人负责，确保老年人的安全，即便是老年人能够自我开展的活动，也需要有足够的安全保障；第六，活动结束后，协助老年人安全返回各自房间；第七，做好活动现场的清理；第八，做好评估工作，包括活动资料归档工作，根据服务开展的情况进行结果评估。

（7）危机干预

养老机构社会工作服务需要完善院内应急预案，建立老年人危机干预机制。社会工作者要能够识别院内老年人可能遇到的危机，统筹制订危机干预计划，及时处理最迫切的问题。对于一些极端的行为，例如自杀、伤及他人等可能危及生命安全的行为，要能够寻求其他更加专业力量的支持，必要时可以对老年人进行身体约束或其他限制行为，确保老年人自身及他人的安全。

（8）康复干预

养老机构社会工作服务需要配合、协调医生、护士等专业人士做好机构内认知症老年人的生活照料与精神关怀。社会工作者可运用社会工作专业方法，借助评估量表，针对认知症老年人提供非药物性治疗康复干预服务，开展认知干预训练、自理能力训练、益智类训练等相关服务，缓解认知症老年人的机能衰退，做好认知症老年人照护者的疾病宣教以及心理支持等服务。

（9）机构参与

养老机构社会工作服务需要评估老年人的兴趣和能力，根据老年人的生理、心理特征，设计并开展满足老年人需求的各类活动。建立老年人团体培育机制，协助老年人成立各类兴趣团体并指导其自主管理。积极发动老年人参与志愿服务和机构协商管理，发挥老年人的余热。

（10）资源链接

养老机构社会工作服务需要评估社会资源状况和机构需求，建立各类社区协作机制，有效整合社会资源，开展老年人服务项目，并进行动态评估管理。社会工作者需要运用社会工作基础理论，评估老年人的社会支持网络，主要包括两个层面：第一是个人层面，包括可给予老年人支持的人员数量、资源类型、与老年人的物理及心理距离，这些人员提供资源所发挥的功能；第二是机构层面，即养老机构层面给予老年人的支持，包括机构识别老年人问题与需求的能力、机构提供资源的情况、资源配置情况、机构满足老年人需求的情况。社会工作者需要综合利用各种策略强化老年人的社会支持网络，包括提高老年人的个人能力、获得家庭照护者的支持、机构入住老年人的相互支持、养老机构外志愿者的支持等，巩固社会支持网络成效，建立资源链接的长效机制。

（11）宣传教育

养老机构社会工作服务首先要建立终身学习的理念，为老年人提供教育资源，可以丰富老年人的晚年生活，提高机构的服务质量。在宣传教育方面，可以重点做好以下几点：第一，建立老年人学习教育平台，将学习作为养老机构日常运作的规范化制度，能够提供专业的师资协助老年人开展学习活动；第二，评估老年人教育方面的需求，由社会工作者聘请专业人士或者通过招募志愿者，定期为机构的老年人提供教育服务；第三，学习内容上有所侧重，重点推行老年人健康教育、生命教育、文化传承教育等内容，指导或协助老年人将学习成果进行总结或运用，营造“老有所学、学有所用”的氛围；第四，做好学习教育的支持工作，社会工作者应当为从事教育工作的专业人士提供包括场地、设备和人力在内的各项支持，同时记录学习教育的内容和老年人对学习内容的反馈意见。

（12）咨询服务

养老机构社会工作服务应当建立明确的咨询服务流程和机制，畅通咨询服务渠道；协调有关部门和专业人员为有需求的老年人提供各项咨询服务。咨询的内容可以包括机构管理、服务咨询、政策咨询等机构内部的信息咨询，也可以包括机构提供的服务范围之外的基于老年人个人需求的咨询服务，如法律咨询、健康咨询、消费咨询等。社会工作者应当主动跟进和了解老年人接受咨询后的意见反馈，必要时为老年人提供跟踪服务。

（13）维护权益

养老机构社会工作服务应当保障老年人的合法权益。组织开展老年人权益保障的宣传教育活动；完善老年人建议和意见的表达机制和渠道，参与涉及老年人权益事件的处理，并积极为老年人的合法权益发声。

（14）政策倡导

养老机构社会工作服务应当建立有效的政策倡导机制，了解老年人在养老保障和养老服务政策方面的需求，尤其是当前政策不完善和不合理的内容，向有关职能部门提出政策完善建议；进行养老保障和养老服务政策与实务研究，为政策的制定和完善提供建议；及时向老年人宣传最新的政策规定，引导老年人积极有序地参与政策倡导工作；必要时，组织双方进行面对面沟通。

（15）临终关怀

养老机构社会工作服务应当建立并完善临终关怀机制和服务流程，配备临终关怀服务场地以及人员、设备；根据老年人的需求，开展生命教育等活动，协助其树立积极的生命观；协调跨专业团队为临终老年人提供生活照料、痛症管理、心理支持、灵性照顾等服务；与家属共同做好对临终老年人的积极陪伴；为有需求的老年人及家属提供哀伤辅导服务。

3. 服务评估

需要指出的是，服务评估不是在服务结束时的工作，而是伴随着服务进行过程中需要经常性开展的工作，养老机构社会工作者应当根据服务计划要求的频次或服务合同的约定频次开展评估工作。评估方法包括过程评估、产出评估、质素评估、成效评估、目标达成评估等；评估工作的开展可以采取自我评价方式，也可以邀请服务对象共同参与评价工作，必要时也可以采用第三方评价的方式开展评估工作。

评估工作需要收集服务对象的主观感受和评价，可以采用访谈的方法；也需要收集服务过程中的客观信息和数据，并加以分析。

4. 持续改善

尽管在养老服务机构中的老年人状况总体上是走下坡路的，但其在某些方面的改善有利于延缓衰老的过程，提高老年人在养老机构中的生活质量。因此，社会工作者有必要对老年人某些改善的行为和观念做持续的增强。包括：

(1) 通过肯定和鼓励，巩固老年人已有的某些正向的改变。

(2) 即使不能马上解决问题，也要通过合理的方式增强老年人独立应对问题的信心，提高其解决问题的能力。

(3) 避免老年人因某些服务结束产生的负面情绪，如果是难以避免的，社会工作者也要协助老年人妥善处理这些情绪。

(4) 帮助老年人维系并且巩固服务过程中通过链接已经获得的社会资源，当出现危机时社会工作者要及时干预。

(5) 社会工作者要做好服务的总结，做好相关文字记录和归档工作，为下次服务或者其他工作人员提供改善的借鉴。

(6) 社会工作者要经常性地进行反思，思考在整个服务过程中还存在哪些不足，有什么地方可以提高和改进。

(7) 在服务过程中不断促进管理优化，重视服务提供与内部管理并重，在服务过程中实现资源、人力的有效利用。

(三) 出院服务

协调医生、护士等专业人士，为老年人制订出院计划，协助老年人回归家庭和社区；根据老年人的出院需求，为其提供咨询或转介服务；也可适当提供跟踪关怀服务，给予老年人必要的协助。

二、面向老年人家属提供的社会工作服务

（一）咨询服务

养老机构社会工作服务应当建立家属意见、建议收集和沟通机制，通过举办家属开放日、开通家属咨询热线或信息平台等方式，为家属提供机构管理、服务、养老政策等相关咨询。

（二）照护支援

养老机构社会工作服务应当评估家属照护压力，提供老年人照护资讯和照护技巧训练；提供平台，鼓励家属参与老年人照护计划的制订过程；举办家属支持小组，搭建各类型的家属互助支持网络。

（三）心理支持

养老服务机构社会工作者应当帮助家属，特别是老年人的配偶与子女之间建立良好的互动关系，促进跨代融合和支持；为有需要的家属提供情绪疏导、心理咨询等服务；帮助家属克服愧疚、无助、挫败等心理，增强家属的照顾信心，提升家属的能力，并与机构专业团队建立照顾伙伴关系。

（四）哀伤辅导

养老机构社会工作服务应当评估家属在老年人离世后的哀伤表现形式和阶段；协助有需要的家属接受和表达哀伤情绪，通过举办追思会等多种形式，安排家属与老年人做最后的告别；评估家属的调适情况，必要时转介专业机构跟进介入。

三、面向机构员工提供的社会工作服务

（一）资源协调

根据员工（机构内其他岗位工作人员）的需求，做好相应的资源协调服务；根据员工需求开展互助小组，协助员工之间建立支持网络。

（二）心理支持

养老机构社会工作服务应当评估员工的照护压力和身心健康状况，鼓励员工在服务老年人的同时，增强自我照顾的意识，提升自我照顾的能力；当有需要时，养老服务机构可为员工提供包括个案辅导、支持性小组、团队建设在内的社会工作活动，利用社会工作专业技巧帮助员工减轻照护的压力，协助员工能够理性、健康地管理自己的情绪，尽量避免职业倦怠感的产生。

（三）照护支援

在养老服务机构中工作的照护员工，在承担繁重照护任务的同时，还可能承受着来自老年人的误解甚至失智者的谩骂，可能会产生巨大的心理压力。社会工作者有必要科学评估员工的照护压力，在为员工提供老年人照护资讯和照护技巧训练的同时开展心理减压的活动，可以包括以下内容：

（1）为新入职员工提供职业见习，构建新员工的支持小组，为新员工提供督导服务。加强新员工心理建设，使其客观地认识养老服务工作，产生对职业的认同感。

（2）呼吁养老服务机构重视员工的职业发展，协助员工构建职业生涯规划，打通员工的职业发展途径。

（3）完善不同照护团队之间的沟通协作机制，协助员工获得其他团队或更专业人士的支持。

（4）建立员工内部的支持网络，建设各类型的员工兴趣小组和沟通小组，使得员工有渠道分享工作经验、诉说工作压力，得到同伴的支持。

（5）协调养老机构投入资源，改善员工的工作环境、生活条件，提高员工福利待遇。

（6）争取各类资源帮助员工解决家庭和工作中的实际困难。

（7）有条件的机构可提供“喘息”服务，在不影响养老机构服务质量的同时，让压力过大的员工暂时离开工作岗位。

（四）哀伤辅导

评估员工特别是直接照顾者在老年人离世后的哀伤表现形式和阶段；协助有需要的员工接受和表达哀伤情绪，通过举办追思会等多种形式，鼓励员工与老年人做最后的告别，适应新的环境，投入新的照护服务中，并从中获得生命成长；必要时转介专业机构跟进介入。

四、面向社会人士提供的社会工作服务

（一）社会捐赠管理

所有的捐赠活动都需要在法律规定的范围内进行。社会工作者可以根据养老机构接受捐赠需求，面向社会公布捐赠的内容和数量，收集社会捐赠者的捐赠意愿，同时做好捐赠项目的管理、监督、公示。特别是要重视捐赠物品使用的反馈工作。

（二）志愿者管理

志愿者是养老服务机构运行过程中重要的人力资源。社会工作者应当根据养老服务机构对于志愿者服务的需求，包括提供支援服务的类别、数量、时间等信息，做好志愿者的招募、培训、使用和激励工作。养老服务机构要将志愿者服务作为一个长期项目，做好志愿者的招募、管理、能力提升和激励维系工作。

（三）督导工作

养老服务机构同时也是社会工作学生实习的重要场所，机构社会工作者应当积极配合学校开展相关领域的实习安排，做好督导工作。社会工作者要建立完善的实习制度，有顺序、有步骤地吸收实习生进入养老服务机构开展实习活动，同时要做好实习的带教和督导工作，给予实习生较为全面的专业指导，让实习生在充分了解养老机构服务内容的同时，提高专业能力以及对于养老服务职业的认同度。

（四）宣传推广

社会工作者应当协助养老机构做好宣传推广活动，应当积极向社会展示养老机构中开展的社会工作服务，展现社会工作服务所带来的老年人生活质量的提高，向社会展示良好的养老机构形象，增强社会对老年社会工作的认同感。

第三章

养老机构社会工作者

在养老机构中开展社会工作服务，社会工作者必然是核心人物，不可或缺。那么他们与活跃在其他领域中的社会工作者有何区别呢？他们在养老机构里扮演着怎样的角色？面对不同社会阶层、不同需求、不同身心状况的老年人提供服务时，养老机构社会工作者需要具备什么样的专业知识和服务技能呢？

第一节 养老机构社会工作者的角色

如前所述，养老机构社会工作者的服务对象主要有四类：入住老年人、老年人家属、机构员工、相关社会人士。面对不同的服务对象，养老机构社会工作者扮演的角色也是有差异的，社会工作者在以养老机构为主体的工作环境中，务必认清自己的角色，适当摆正自己的位置。

一、就入住老年人而言

当养老机构社会工作者为入住老年人提供服务时，他们主要扮演着以下的角色。

（一）诊断者

在接收入住老年人时，养老机构社会工作者要对老年人的生理、心理、社会等状况进行评估和记录并制订服务计划，以帮助机构其他员工全面了解老年人；在老年人入住期间，社会工作者也要将其显著的变化提供给照护者团队，以便调整照护方案，并及时进行干预。

（二）咨询者

在老年人入住养老机构前与入住期间，养老机构社会工作者要努力创造宽松、信任的环境，增强老年人的适应能力，让老年人用适当的方式表达自己的情绪；同时，不仅为有需求的老年人提供包括服务项目、管理规定等有关机构管理的咨询，也能够提供有关服务、社会政策、法律、健康、消费等机构外的咨询服务；主动跟进和了解老年人接受咨询后的意见，必要时为老年人提供跟踪服务。

（三）教育者

养老机构社会工作者要努力为老年人提供教育服务，主要包括以下几个方面：第一，普及终身学习的理念，推动在养老机构中成立各种类型的老年人学习平台和学习组织；第二，评估老年人的学习需求，在机构中开展兴趣调查，了解老年人的学习习惯、兴趣爱好，评估开展项目的可行性与受欢迎程度；第三，开展健康教育、安全防治、文化普及、新媒体技术等学习培训课程；第四，鼓励和支持老年人根据共同兴趣爱好开展各种学习交流、研讨活动，扩大老年人的社会交往范围；第五，创造条件将老年人的经验优势、学习成果转化为社会学习资源，鼓励代际、机构内外的相互学习，增进老年人与社会的交流。

（四）治疗者

治疗者也被称为服务提供者，是养老机构社会工作中的首要角色，为老年人提供救助服务、危机干预、康复干预、心理支持、精神慰藉、临终关怀等服务。

（五）管理者

当老年人需要多种服务时，养老机构社会工作者要通过计划与安排，来协调机构内各专业人士提供的服务，并把这些服务和资源与有需要的老年人进行有效的链接。

（六）倡导者

启发或引导老年人适应新的生活环境和社会环境，引导老年人尝试进行行动方式和思维方式的调适或改变，积极发动老年人参与志愿服务和机构协商管理，发挥老年人的余热。

（七）政策影响者

当老年人的问题和困难，是由社会政策不完善而造成或与社会政策不完善相关时，养老机构社会工作者应该去积极影响政府政策的制定，实现政策的优化，从根源上解决老年人的困难。

二、就老年人家属而言

（一）诊断者

家庭是老年人的支持资源，即使老年人生活在养老机构中，家庭也是养老机构社会工作者可以挖掘的重要力量。社会工作者必须全面评估老年人家庭中主要照顾者的能力，包括家庭的经济能力、家庭的完整性、家庭应对危机的策略、家庭的社会支持网络等，根据评估结果判断家庭的能力。由此可见，养老机构社会工作者对老年人家属来说扮演着诊断者的角色。

（二）咨询者

为有需要的家属提供情绪疏导、心理咨询等服务，提升家属的照顾信心和能力；建立家属信息咨询机制和渠道，通过举办家属开放日、开通咨询热线等方式，为家属提供机构服务、养老政策等咨询服务。

（三）教育者

为有需求的家属提供老年人照顾资讯和照顾技巧训练；鼓励家属参与老年人照护支持小组，搭建家属互助支持网络。

（四）协调者

帮助家属，特别是老年人的配偶与子女之间建立良好的互动关系，促进跨代融合和支持；促使家属与机构照护团队双方相互理解、彼此依靠，建立照护伙伴关系。

三、就机构员工而言

（一）治疗者

通过定期开展支持性小组、团队建设等活动，增强机构员工自我减压的意识和能力，协助员工实现理性、健康的情绪管理，为有需求的员工提供个案辅导；跟进员工特别是直接照顾者在老年人离世后的情绪问题，为有需求的员工提供情绪舒缓和抚慰服务。

（二）协调者

根据员工的需求，做好相应的资源协调服务；根据员工需求开展互助小组，协助员工之间建立支持网络，完善不同照顾团队之间的沟通协作机制，协调改善员工的工作、生活条件，改善员工福利待遇。

（三）教育者

为新入职员工提供督导、见习机会和支持小组，协助员工进行职业生涯规划。

（四）倡导者

社会工作者与老年人接触多，能够了解老年人的真实需求，也较易发现照护服务中存在的问题，因而可以为养老机构改革、提高服务质量提供对策和建议。

四、就相关社会人士而言

（一）管理者

做好志愿者的招募、培训、使用、激励和管理工作；综合评估机构接受捐赠的需求和社会捐赠的意愿，做好捐赠项目的管理、监督、公示与反馈工作。

（二）教育者

根据机构安排或委托方的需求，配合做好与社会工作相关的实习带教、专业督导、评估工作。

第二节　养老机构社会工作者的专业价值观与伦理守则

养老机构社会工作者作为一个专业的助人者，必须遵循社会工作的专业价值观和伦理守则。专业价值观是支撑社会工作者继续从事专业助人活动的精神支柱，是社会工作者提供服务的行动指南。伦理守则是社会工作者的行动标准，明确告知社会工作者在服务过程中应该怎么做和不该做的事。

一、养老机构社会工作者的专业价值观

老年人作为一个特殊的群体，更需要得到特殊的关怀与照料。养老机构社会工作者为入住老年人提供专业服务，必须坚持以下专业价值：

第一，每一个入住的老年人都有自我改变的能力和要求发展的内在潜能；

第二，每一个入住的老年人都是一个独立的个体，都应得到尊重；

第三，每一个入住的老年人都有得到平等与公平对待的权利；

第四，每一个入住的老年人都享有与他人同等的生存权利与享受应有的服务的权利；

第五，每一个入住的老年人都应该受到机构的关怀与照料，当遇到各种难以解决的问题或者危及生命的事件时，都应得到机构的支持与帮助。

二、社会工作者的伦理守则

专业伦理是社会工作的核心，是实务工作的灵魂。虽然各国社会制度、文化传统、社会工作专业化水平不同，不同国家和地区的社会工作能力内容有所差异，但其核心内容与价值观是基本一致的。美国社会工作者协会于 1996 年颁布了《美国社会工作者伦理守则》，并于 1999 年进行了修订。《美国社会工作者伦理守则》从社会工作者对案主的伦理责任，对同事的伦理责任，对机构的伦理责任，对专业的伦理责任，对社会的伦理责任，以及作为专业人员的伦理责任等 6 个方面全面阐述了社会工作者在实践中应当坚持的原则和措施，为社会工作实务提供了行为指导。

我国民政部于 2012 年 12 月出台了《社会工作者职业道德指引》，对已经取得社会工作职业资格，提供专业社会工作服务的人员提出了伦理要求。《社会工作者职业道德指引》共计 7 章 24 条。它要求社会工作者

应热爱祖国、热爱人民、拥护中国共产党领导，遵守宪法和法律法规，贯彻落实党和国家有关方针政策；践行社会主义核心价值观，遵循以人为本、助人自助的专业理念，热爱本职工作，以高度的责任心正确处理与服务对象、同事、机构、专业及社会的关系。《社会工作者职业道德指引》吸收了《美国社会工作者伦理守则》的核心内容，同时兼顾了中国当下的社会发展状况，具有鲜明的实践导向，其主要从以下 5 个方面提出了要求。①

（一）尊重服务对象，全心全意服务

(1) 社会工作者应以服务对象的正当需求为出发点，全心全意为服务对象提供专业服务，最大限度地维护服务对象的合法权益。

(2) 社会工作者应平等对待和接纳服务对象，不因民族、种族、性别、户籍、职业、宗教信仰、社会地位、受教育程度、身体状况、财产状况、居住期限等因素而区别对待。

(3) 社会工作者应尊重服务对象知情权，确保服务对象在接受服务过程中，了解自身和机构的权利、责任和义务，以及获得服务的情况和可能由此产生的结果。

(4) 社会工作者应在不违反法律、不妨碍他人正当权益的前提下，保护服务对象的隐私，对在服务过程中获取的信息资料予以保密。

(5) 社会工作者应培养服务对象自我决定的能力，尊重和保障服务对象对与自身利益相关的决定进行表达和选择的权利。

(6) 社会工作者不得利用与服务对象的专业关系，谋取私人利益或其他不当利益，损害服务对象的合法权益。

（二）信任支持同事，促进共同成长

(1) 社会工作者应与同事建立平等互信的工作关系。

(2) 社会工作者应主动与同事分享知识、经验、技能，互相促进，共同

① 以下 5 个方面内容引自《社会工作者职业道德指引》，引用时略有改动。——编者注

成长。有责任在必要时协助同事为服务对象提供服务,接受转介的工作。

(3) 社会工作者应尊重其他社会工作者、专业人士和志愿者不同的意见及工作方法。任何建议、批评及冲突都应以负责任、建设性的态度沟通和解决。

(4) 社会工作者应相互督促支持,对同事违反专业要求的言行予以提醒,对同事受到与事实不符的投诉予以澄清。

(三) 践行专业使命,促进机构发展

(1) 社会工作者应认同机构使命和发展目标,遵守机构规章制度,按照机构赋予的职责开展专业服务。

(2) 社会工作者应积极维护机构的形象和声誉,在发表公开言论或进行公开活动时,应表明自己代表的是个人还是机构。

(3) 社会工作者应致力于推动机构遵循社会工作专业使命和价值观,促进机构成长、参与机构管理,增强服务能力、提高服务质量。

(四) 提升专业能力,维护专业形象

(1) 社会工作者在提供专业服务时,应诚实、守信、尽责,积极维护专业形象。社会工作者应在自身专业能力和服务范围内提供服务。

(2) 社会工作者应不断内化和践行专业理念,持续充实专业知识和技能,提升专业能力,促进专业功能的发挥和专业地位的提升。

(3) 社会工作者应继承中华民族优良传统,借鉴国际社会工作发展优秀成果,总结中国社会工作经验,推动中国特色社会工作发展。

(五) 勇担社会责任,增进社会福祉

(1) 社会工作者应运用专业视角,发挥专业特长,参与相关政策法规的制定和完善,维护社会公平正义,增进社会福祉。

(2) 社会工作者应正确鼓励、引导社会大众参与社会公共事务,推动社会建设。

(3) 社会工作者应推广专业服务,促进社会资源合理分配,使社会服务惠及社会大众。

三、养老机构社会工作者的伦理守则

作为老年社会工作者分支的养老机构社会工作者，原则上其伦理守则与老年社会工作者的伦理守则重叠。作为养老机构照护团队中特殊的一员，养老机构社会工作者既要遵从社会工作专业的伦理守则，也要谨守养老服务的基本原则。养老机构社会工作者在养老机构提供助人服务的过程中，为了更好地为入住老年人提供专业服务、建立良好的专业关系，以便帮助老年人解决问题，需要坚持以下几点伦理守则。

（一）接纳

接纳就是要求养老机构社会工作者对求助的老年人一视同仁，无任何偏见，要接纳和尊重老年人，包括老年人身上的优点和缺点，重视老年人的尊严和价值。

（二）非批判

非批判的态度，就是当社会工作者与服务的老年人发生意见不一致时，或者是老年人有不合乎常规的行为表现时，社会工作者要冷静处理，对老年人不予批判、呵斥，努力发现老年人出现这一举动背后的真正原因。

（三）个别化

每一个老年人都是独立的个体，老年人面临的问题也是各不相同的，即使是相同的问题发生在不同老年人身上，其产生的影响和反应也是不同的。因此，养老机构社会工作者在具体解决入住老年人的问题时，一定需要个性化地看待老年人的问题，不能千篇一律地处理老年人的问题和困境，而是要对于不同的服务对象提供具有针对性的服务。

（四）尊重与自决权

社会工作者在为老年人提供服务过程中，要充分尊重老年人的人格和知情权，整个服务都需要与老年人或其家人进行充分沟通，让其参与并自我决定是否接受服务以及提供服务的方式和内容等。

（五）保密

保密原则是社会工作服务最重要的原则之一，它是良好专业关系的建立和服务顺利开展的重要前提。在服务开展之前，社会工作者告知老年人整个服务将对其资料和个人隐私等严格保密，这有助于打消老年人的顾虑和促使老年人接受服务。

第三节　养老机构社会工作者的知识结构

养老机构社会工作者在提供服务的过程中，离不开相关的知识体系的支持。社会工作一直被定义为"专业性"的助人工作，因为社会工作拥有特定的知识和技术，能协助个人、家庭、社区恢复或提高自身的社会功能。只有知识储备丰富，养老机构社会工作者的工作才能够顺利进行，为老年人提供有效的服务。这些知识，既包括社会工作的专业知识、实践中常用的相关专业知识，如老年学知识、医学知识、护理学知识等，也包括一些其他的人文社科知识。一个合格的养老机构社会工作者，应该是典型的复合型人才。

一、社会工作专业知识

从内容来看，社会工作知识主要涵盖 4 个领域：人类行为与社会环境、社会福利政策、社会工作实务、社会研究方法。其中，人类行为与社会环境方面的知识整合了有关生理的、心理的、社会文化的因素对人类行为和发展的影响的科学理论，可以帮助社会工作者更深入地理解人，理解人与社会的关系，用"人在环境中"的视角去认识服务对象的问题。社会福利政策是社会工作者开展助人工作的基础，很多时候社会工作者都是在现有的社会福利制度框架内进行资源的链接和输送的。社会工作实务知识，是社会工作者在长期的助人服务中总结出来的，它涉及专业价值观和职业伦理，社会工作实务方法、技巧和干预模式。社会工作实务知识是社会工作专业化的体现。社会工作者掌握的实务知识越全面，越有助于其胜任岗位要求，实现助人的目标。社会工作研究方法为社会工作者在实践中收集和分析资料提供了指导。社会工作者扮演多种角色，通过研究问题进行倡导，影响政策设计，是社会工作者应当履行的专业责任。

从层次来看，社会工作知识涉及宏观、中观、微观的不同层面。其中微观层次是最直接和最具有操作性的知识层次，涉及个人、家庭、团体问题的解决。就养老机构社会工作而言，微观层面的知识是有关老年人身心健康和生活质量的知识，如生理、心理状况评估知识，社会工作服务策划知识、实务介入模式与方法等，因而微观层面的知识能为养老机构社会工作者提供直接的指导。中观层次的知识主要是有关社区与组织的，它们也为养老机构社会工作者开展工作提供直接的支持，如养老机构管理知识、养老机构照护体系等。宏观层次的专业知识主要涉及养老服务体系、社会福利体系和社会政策框架等制度性问题，也是养老机构社会工作者开展专业服务的基础。

二、相关的专业知识

养老机构社会工作的对象具有特殊性，主要是出现健康问题导致自理能力低下的老年人及其家属。为了顺利开展工作，并与服务对象建立专业关系，养老机构社会工作者应当掌握一些基本的医学知识。具体来说，要了解相关疾病的知识。例如：了解和掌握常见病、慢性病、传染病的基本知识，包括疾病的发生、发展、临床症状、并发症、治疗方法、预后等；掌握生理学、预防医学等学科的基础知识，以便用来解答服务对象有关疾病、病理、治疗和康复等方面的疑问。

养老机构的照护需要各专业人士的合作，作为这个团队的核心人物，养老机构的社会工作者除了需要掌握一般的医学知识以外，还应具备老年护理学、老年营养学、老年康复学等专业知识。比如，养老机构社会工作者要了解护理的管理模式、护理工作的组织、护理管理的内容和方法、常见慢性病专业康复护理的注意事项等。对老年人心理健康的辅导、家属以及机构员工的哀伤辅导等也离不开心理学、教育学的基础知识。心理学被定义为"关于行为和精神过程的科学"，它是社会工作汲取养分最多的一门学科，心理动力学、行为学、人本主义等都为社会工作实务的开展提供了有益的启示和指导。心理学有助于社会工作者了解老年人的心理状态和情绪变化，并洞悉背后的原因。

另外，养老机构社会工作者需要掌握现行的养老政策、法律法规及服务资源。在实务工作中，社会工作者除了要为老年人及其家属提供功能评估、情绪疏导、疾病知识传授等服务外，还要为解决服务对象的问题提供信息咨询服务，比如解读相关的养老政策与法规，使服务对象了解政策依据、办事程序等。

任何一个单位不同的工作岗位对从业人员都有不同的要求，养老机构也不例外。作为养老机构的社会工作主管，除了要有以上知识外，还要有领导学、组织学、行政管理学、人口学、伦理学、社会调查研究方法的专业知识。掌握这些专业知识，养老机构的社会工作主管就能有针对性地制定解决老年人问题的具体措施，提升服务质量。

三、人文社科知识

作为一名合格的养老机构社会工作者，除了应具备相应的社会工作专业知识和相关的专业知识外，还应掌握其他人文社会科学的相关知识。社会工作以"人"为服务对象，而不同的学科在认识人和社会时，往往会有自己的视角，会形成独特的知识体系。所以社会工作需要从其他学科汲取知识，要求从业者具备丰富多样的知识基础，比如社会学、管理学、法学、政治学等学科的知识。

社会学被誉为“社会工作的界定性学科之一”。社会学聚焦于个体与社会情景或社会整体的关系，注重研究“人们如何在其所处的结构性限制中安排自己的生活”，因而有助于社会工作者认识社会变迁与社会事物，坚持“人在环境中”的实务工作原则。

社会工作的开展要受到一个国家或地区现行的法律、法规和政策的限制。换言之，政策制度“赋予了社会工作者以权利和责任”。在实务工作中，社会工作者既要掌握与社会工作相关的政策，还要掌握宪法、刑法、民法等相关法律知识。掌握法律知识，既有助于社会工作者在法律框架内展开工作，也有助于其协助服务对象解决问题。例如，掌握有关的法律知识，养老机构社会工作者可以阻止老年人遭受虐待的事件发生。

管理学关注的是个体与组织的关系，它可以帮助社会工作者了解有关机构管理的知识，了解机构的结构与文化。政治学是“对政府组织及其行为的研究”，它有助于社会工作者理解国家与社会的关系，了解政策制度的价值基础与目标导向。总之，养老机构社会工作者要为服务对象提供优良的专业服务，就应当有扎实丰富的知识储备，要坚持终身学习，以确保能够正确做事、有效做事。

第四节　养老机构社会工作者的职业能力

职业能力是指完成一定职业活动所需要的技能、经验和一般工作能力的综合。作为社会工作者的一种，养老机构社会工作者的职业能力应该参照中华人民共和国民政部于 2006 年颁布的《社会工作者职业水平评价暂行规定》所设定的标准。其中明文规定，助理社会工作师应具备的职业能力包括：① 熟悉与社会工作业务相关的法律、法规、政策和行业管理规定，掌握基本的社会工作专业知识；② 能够与各类服务对象建立专业服务关系，对服务对象的问题做出预估，制订服务计划和服务协议，独立接案、结案并提供跟进服务；③ 能够根据服务计划，运用专业方法和技术协助服务对象解决问题。社会工作师应具备的职业能力包括：① 能够熟练运用社会工作业务相关的法律、法规、政策和行业管理规定，具备较丰富的社会工作专业经验；② 能够综合运用各种社会工作方法，为服务对象提供专业服务，处理各类复杂问题，并对所提供的专业服务质量与效果进行评估；③ 能够指导助理社会工作师开展专业工作，帮助其提高专业工作水平和能力；④ 能够制订科学合理的工作方案和发展规划，整合、运用相关社会服务资源，拓展服务领域，保证服务质量。[①]

如前所述，养老机构社会工作的服务内容涉及社会工作和照护两大领域。在开展实务工作的过程中，养老机构社会工作者不仅要为老年人提供服务，还要为老年人的家属、机构员工以及其他相关的社会人士提供服务。除此之外，养老机构社会工作不仅要关注个体问题的解决，还要参与养老服务事业的发展。如此丰富的工作内容要求养老机构社会工作者具备如下的职业能力。

一、筛查与转介能力

筛查，即对潜在的服务对象的问题做出预估，进而判断其能否成为现实服务对象的过程。在实务工作过程中，养老机构社会工作者的服务对象通常由 3 种途径而来：由养老护理员转介、社会工作者主动查找、服务对象主动求助。面对潜在的服务对象，社会工作者要判断其所面临的问

① 中华人民共和国民政部，《社会工作者职业水平评价暂行规定》，2006 年 9 月 1 日起施行。

题是否可以通过社会工作服务加以解决，问题的解决是否符合机构的服务范畴，社会工作者自己是否具备解决问题的能力。如果服务对象的问题属于专业服务的范畴，是社会工作者可以胜任的，则与之确定服务协议，将潜在的服务对象转化为现实的服务对象；如果服务对象的问题超出了社会工作的专业范畴或者社会工作者的能力范围，就应当做出说明，并在征得服务对象同意的前提下，将之转介给其他专业服务机构，或其他社会工作者。

二、诊断与评估能力

诊断，即对服务对象面临的问题进行分析判断。诊断是提供介入服务的基础，在诊断过程中，养老机构社会工作者要深入了解服务对象的情况，对相关信息进行梳理，对问题进行归纳和排序，从而为制订干预计划做好准备。评估与诊断往往是交织在一起的，并且评估往往贯穿服务的始终。例如，在预估时，养老机构社会工作者要综合运用社会历史报告法、家庭图与生态系统图绘制、社会支持网评估等方法收集服务对象的信息，并撰写评估报告；在服务计划执行期间，要及时记录服务进展，对工作成效进行评估；在计划完成后，要能够对服务的过程、效率、效果等进行判断，并撰写结案报告。

三、沟通与咨询能力

社会工作是做“人的工作”，而人是具有复杂动机、思想和情感的高级生物。如果不了解服务对象的真实需求，不能建立扎实的专业关系，服务的科学性和有效性就无从谈起。在实务工作中，养老机构社会工作者应根据工作阶段采用多种沟通技巧，以最大限度地增进服务对象的利益。例如，在接触初期，应注意倾听，并表达鼓励；在介入期，则要妥善运用引领、回应、影响等会谈技巧。同时，要努力锻炼、提高同理能力，以提高沟通的效果。咨询，即养老机构社会工作者将相关知识传递给有需要的服务对象，协助其理清思路并做出选择。例如，告知服务对象养老机构的相关管理制度、养老服务政策，慢病管理、康复知识等。养老机构社会工作者应注意学习，努力更新知识体系，力争将新的、全面的信息提供给服务对象。

四、危机介入能力

在实务工作过程中，养老机构社会工作者要常常处理危机事件。例如，老年人因抑郁情绪不配合照护或企图自杀，老年人摔倒、走失，老年人与其家属发生财物纠纷，等等。面对危机事件，社会工作者既要及时安抚服务对象的情绪，也要采取妥善措施，避免意外情况的发生。危机介入能力包括对危机源的判断，对危机事件后果的预测，对危机介入方法和策略的选择等。优秀的社会工作者并不畏惧危机事件，相反，他们往往通过解决危机提高自身的专业素养，赢得服务对象的信任。

五、服务与管理能力

养老机构社会工作者应具备为不同服务对象提供干预服务的能力。例如，面对心理承受能力弱的老年人及其家属，养老机构社会工作者要有能力对老年人进行心理辅导，调节老年人和老年人家属因疾病或残疾引起的恐慌、沮丧等负面情绪，促进老年人适应疾病症状和照护环境；面对经济压力大的老年人，社会工作者要有能力为老年人提供社会救助服务；对临终老年人，养老机构社会工作者要有能力提供临终关怀，以及对于老年人家属和机构员工的哀伤辅导。除了直接服务外，养老机构社会工作者也常常从事间接服务，如整合资源、管理志愿者、督导新进员工等。这些工作要求社会工作者具备一定的管理能力，如指导志愿者与新员工开展工作，协调社工部与其他部门的关系，对社会资源登记造册并进行管理等。

六、组织协调能力

养老机构社会工作对社工的组织协调能力也提出了一定的要求，这在老年小组工作和老年社区工作中体现得最明显。小组工作的实质是一个组织过程，是将有共同需要的服务对象组织联系起来的活动，小组工作可以被看作社会工作者的组织协调能力的集中展示。例如，在养老机构中，社会工作者帮助机构内老年人策划组织各种文体活动，或创造一定的途径让老年人接受继续教育等。老年社区工作以更复杂的情境、更艰巨的任务向养老机构社会工作者的组织能力提出挑战。老年社区工作的主要工作是社区组织，它要求养老机构社会工作者依靠自己的能力动员社区居民参加养老机构的活动。

七、决断能力

养老机构社会工作者的工作场域虽然单一，但是服务的情况是复杂多样的，其工作情境也变化多样，社会工作者必须面对现实，针对不同情况做出恰当的回应。养老机构社会工作强调个别化原则，个别化原则不是倡导标新立异，而是要在养老机构社会工作基本模式的指导下，实事求是地采取有差别的处理方法。恰当的、有差别的处理方法，对养老机构社会工作者的决断能力提出近乎苛刻的要求。因为我们的服务对象是社会的脆弱群体，需要社会的呵护和尊重，任何不慎的决策都将是对他们新的打击，所以避免错误决策是养老机构社会工作者的基本信条。而要做到这一点，需要养老机构社会工作者拥有良好的判断能力，遇事善于决断、敢于决断。

八、倡导与研究能力

倡导与研究也是社会工作的间接方法。倡导，即站在服务对象的立场上呼吁有关部门、社会组织关注服务对象的境遇，为问题的解决创造条件；或者基于实务工作的经验，呼吁政府完善政策设计，解决相关社会问题，以提升服务对象的福祉。例如：养老机构社会工作者可以呼吁建立专门基金，救助贫困老年人；反映养老服务领域面临的突出问题，提供解决思路和对策建议。此外，养老机构社会工作不仅要善于解决问题、提供社会服务，还应当在实践中发现问题、开展研究。研究不仅有助于社会工作者深入认识自己所从事的职业，也有助于完善社会福利政策。研究是倡导的出发点，倡导是研究的落脚点，两者往往也是交织在一起的。

第四章

养老机构社会工作的基本理论

老年社会工作作为社会工作领域的一个分支，发展至今已经产生了不少具有指导意义的理论，其从包括社会学、心理学、生物学、医学在内的学科领域中借鉴了许多相关的理论，结合老年人特点，逐步形成了老年社会工作独特的理论体系。本章将从养老机构内的老年人和老年人照护者的需求出发介绍老年社会工作的基本理论。

第一节　有关老年的基本理论

老年人在生理上不断走向衰老，这是一个无法逃避的现象，不同的人无非是衰老的速度和程度有所差异。但是，每位老年人对于衰老这一现象的反应却是独特的。有些老年人"不服老"，每天还是保持着积极的心态和忙碌的生活方式，热情地投入社会生活，他们表现出更加年轻的生活状态；有些老年人却早早地退出了精彩的社会生活，主动退回到自己有限的家庭空间中，减少与外界交流的频率。对于前者来说，年老带来的体会是正面的，是脱离原先忙碌生活后的享受，是结识新朋友、获得新机会和增长新经验的机遇；而对于后者来说，年老带来的体会则是负面的，是被社会淘汰的象征，是逐渐走向孤独的表现。而生活在养老机构的老年人则面临着环境适应、人际交往、孤独甚至遭受虐待等诸多问题，这可能与其人格类型有关，也有可能与其在养老机构中扮演的不同角色有关。

一、老年人格类型理论

（一）理论内容

美国有心理学家按照人格的调适状况将老年人分为成熟型、摇椅型、防卫型、愤怒型和自怨自艾型，其中的成熟型、摇椅型和防卫型被视为人格调适良好的类型。

1. 成熟型

具有这种人格特征的老年人往往有着比较成熟的性格和思维方式。他们在年轻的时候事业有成、家庭和睦、社会关系和谐，能够平稳地步入老年生活。由于在进入老年生活之前有着较长时间的准备，获得了比较充分的老年生活信息，因而他们能够理智地接受衰老的变化，不悲观、不抗拒、不退缩，坦然地接受并且在新的环境中寻找新的自我定位。

2. 摇椅型

具有摇椅型性格的人，年轻时在工作中往往不承担单位的重要任务，长期处于被领导的境地，在工作中不拘小节，没有什么大过错，同时自己也没有大的志向。当他们面临衰老和退休的时候，往往把它们看成减少责任，增加自由空间的机会。他们不仅不会对此产生恐惧心理，相反还有期待的表现。

3. 防卫型

具有防卫型心理的人，在年轻的时候有独立见解，凡事都喜欢自己拿主意，工作中积极努力，勤奋向前，即使是碰到挫折也会勇于承担责任，注重自己在事业上的发展和成就。这些人的性格相对比较刚毅，无论在工作中还是生活中，都希望自己的价值能够得到体现。当年老和退休出现在自己面前时，他们一时是无法适应的，往往在退休后相当长的一段时间内仍旧保持着与工作时相似的生活节奏和工作频率，从而产生一种防范心理，借以抵触自己退休的现实和消除对衰老的恐惧。

4. 愤怒型

愤怒型的老年人一般在年轻时没有什么事业成就，甚至可能有失败的经历，因此到年老时会时常感到年龄的威胁和悲哀，会将自己失败的原因归咎于环境，觉得自己生不逢时，或者没有遇到自己的“伯乐”。年老退休后，他们会对他人与社会满腹怨言，甚至还有可能与别人发生冲突。长期处于负面情绪中，可能导致心态失衡甚至产生生理方面的疾病。

5. 自怨自艾型

自怨自艾型的老年人在年轻的时候和愤怒型的老年人有比较大的相似之处，那就是这两类人的事业都没有什么大的成就，或者可能有一些成就但是却遭受了很大的挫折，使得自己的人生没有达到自己期待中的样子或者认为自己始终不得志。但是，这两类老年人对于造成失败结果原因的理解却是不同的，愤怒型的老年人是外归因，“所有的错都是别人的”；而自怨自艾型的老年人则认为“都是我的错”，强调是因为自己犯下的错误才导致现在的结果。自怨自艾型的老年人沮丧、消沉、郁闷，会思考自己活着的意义，甚至会产生轻生的念头。

（二）对养老机构社会工作的启示

老年人的人格类型理论对于开展养老机构社会工作具有非常重要的参考价值，主要体现在以下三个方面：

第一，了解老年人过去的工作和生活，了解老年人对于过去工作和生活的态度是非常有必要的。社会工作者在与老年人的谈话中可以获得大量的信息，可以评估老年人的认知、态度和世界观。

第二，社会工作者可以根据养老机构内老年人的不同人格类型和心理特点，来了解老年人在养老机构中的生活需求，有针对性地制定老年人服务的项目和服务内容，并且能够与老年人的性格特点相结合，采取特殊的服务方法。

第三，避免标签化。在养老机构社会工作服务过程中，不能给不同人格类型特点的老年人贴上相应的标签，因为贴标签不仅无助于提高服务质量，反而会给老年人造成伤害。

二、人生回顾理论

（一）理论内容

人生回顾理论是由罗伯特·N. 巴特勒（Robert N. Butler）在 1963 年提出的。巴特勒认为老年人的基本人格特征就是喜欢回顾往事。这种特征的产生主要源于老年人的一种观念，认为自己已经垂垂老矣、时日无多，和别人交流往事能够体现自身的价值，获得满足感。老年人回顾往事的方式包括：

(1) 和比自己年轻的人谈论自己过去创造的成绩。

(2) 怀念自己年轻时生活过的地方，特别是儿童时代自己家乡的场景，有可能的话非常希望能回到这个场景中。

(3) 怀念自己过去的容貌，通常会盯着自己年轻时的照片，和现在垂垂老矣的外貌进行比较，由此发出“岁月不饶人”的感慨。

(4) 具有一定文化水平的老年人还喜欢将自己熟悉的事情、自己创造的成绩通过文字固定下来。他们通常的做法是写回忆录，整理自己头脑中记忆的片段。

(二) 对养老机构社会工作的启示

人生回顾理论常被用于老年人个案工作，引导老年人适当地回忆自己的往事，对于增强老年人的自信心、提高老年人的能力具有积极意义。同时，运用人生回顾理论，可以更多地了解老年人的过往，能够拉近与老年人的关系，便于工作的开展。

三、角色理论

(一) 理论内容

角色理论是由莱纳德·S. 科特雷尔(Leonard S. Cottrell)在1942年提出的，是社会学重要理论之一，常常被老年社会学家用来解释如何使得老年个体更好地适应衰老这一必然经历的阶段中的角色变化。角色理论的基本观点是：人在一生中要扮演多种角色，如家庭中的儿子、父亲，工作中的员工、领导等。角色是个人与社会形成互动的基本形式，个体通过扮演角色形成对于社会期待的认知，也在扮演角色的过程中逐渐形成自我概念，扮演得越成功，自我概念越是积极；反之，自我概念越是消极。个人通过角色扮演来满足个人生存所需要的物质基础和精神需求；而社会通过角色明确个人所应当承担的权力和义务，这被称为角色期待。社会通过角色扮演促进社会运行更加良性与和谐。

角色理论的关注点在于老年人在衰老的过程中是否注意到自身的角

色发生了变化，适应了新的角色期待。如果老年人做好了充分的心理准备，接受了角色的变化，并且努力适应社会对于老年角色的期待，那么他的晚年生活相对比较和谐。而且老年社会学认为，不同于其他角色，这种角色转换是不可逆的，总体来讲衰老只能日益加剧而不能逐步“康复”，所以老年人必须明确地接受这一变化。一方面，老年人要从原来某些重要的社会关系和角色中退出，否定这一变化、不愿意退出原来的角色只能为自己平添忧愁；另一方面，也要尽快地适应新角色所带来的新的责任与义务，更要学会享受新角色所带来的权利，这样的生活才会精彩。

当然，也有很多社会学者对于角色理论持否定态度，认为其过于消极地看待老年生活，人为地将老年人和社会主体隔离，没有将老年人看成一种重要的社会资源，阻碍了老年人的社会贡献。

（二）对养老机构社会工作的启示

角色理论对养老机构社会工作的启示在于，对于某些否认现状的老年人，社会工作者应当在服务过程中首先帮助其正确认识角色的转变，在调整其生活方式之前，首先调整其认知和心态，在养老机构中积极寻找新的角色定位，帮助老年人获得正向的自我感觉，这样才能逐步适应养老机构的生活。

四、活动理论

（一）理论内容

活动理论的基本观点是，老年生活中活动水平的高低决定着老年人的生活满足感和适应社会的能力。活动水平越高，老年人对于生活现状的满意程度就越高；反之，满意程度就越低。

活动理论的基本观点来源于以下四点假设：第一，普遍情况下，人们一旦进入老年生活，承担的社会角色就会大量丧失，参与社会活动的机会也会随之大量减少；第二，所有的人是在参与社会活动中形成自我认知和自我价值的，也就是说减少社会活动的参与，必然会降低自我认知；第三，老年人的自我认知与其扮演的角色息息相关，所以老年人参与稳定的社会活动将有助于其形成稳定的自我认知；第四，自我认知和生活满意度是正相关的关系，自我认知度越高，生活满意度也就越高。

活动理论与角色理论的不同之处是，其主张老年人不应当因为角色变化而退出社会活动，反而应当尽可能地保持原来的生活方式，甚至在一定程度上要否认老年状况早早地到来。活动理论也不完全否认角色理论，认为随着年龄的增加，老年人应该积极地发现和适应新的角色，用来取代因为年老、退休、丧偶而失去的角色，从而延续甚至加强自己与社会的联系。

相对于角色理论，活动理论受到更多的老年社会工作者的肯定。当下的社会，老年人因为年龄原因退出现职，也就不再扮演大部分的社会角色，无论在主观还是客观上都拉大了与社会的距离。一些老人也就退出了社会主流，进入孤独的老年生活，因为较长时间缺少交流沟通，不仅进一步脱离社会，很多观念、想法也无法跟上时代的变化。现代医学认为，人类的器官用则进，不用则废。勤于用脑的人，头脑退化的速度要比不用大脑的人缓慢得多，经常锻炼的人也比疏于锻炼的人身体状况要好得多。因此，老年社会学者普遍认为应当积极地鼓励老年人尽可能地参与一切社会活动。不能因其年老、体弱、行动迟缓而拒绝老人参与，反而应该提供资源，为老年人参与社会提供便利条件。从经济角度来看，这对于社会而言不是单纯地增加了资源的投入。老年人通过社会参与，延缓进入老化状态的过程，将有利于避免老人对于医疗资源的过度依赖和消耗，甚至有些老年人还可以通过工作创造价值。

（二）对养老机构社会工作的启示

活动理论对养老机构社会工作具有积极的启示。无论是在现代医学、现代生物学还是日常生活中，都存在着“用进废退”的基本规律。因此，养老机构不能简单地成为老年人的生活照料机构，而是应鼓励老年人参与社会活动，承担自己力所能及的生活，甚至创造一些工作让老年人参与。这不应被认为是养老机构降低运营成本的一种行为，而是鼓励老年人积极参与生活的一种价值观。社会工作者有责任在养老机构中普及这一观念。

五、连续性理论

（一）理论内容

连续性理论认为，人们可以拥有不同的个性和生活方式，在年轻的时候如此，进入老年生活后也可以保持这样的个性和生活方式。改变老年人的个性和生活方式，不仅无益于老年人的生活，反而对于个人和社会都会产生消极影响。也就是说，年轻时积极上进、热情洋溢的人，进入老年生活后也应当鼓励其与外界积极交往；年轻时生活简单，喜欢独自安静的人，进入老年生活后也不要强迫其增加社会交往活动。在连续性理论看来，最重要的是在一个人的老年时期，仍然保持他在中青年时代的个性和生活方式，这是对于老年生活最大的支持，也是拥有幸福晚年生活的基本保障。因此，养老机构不要去规范老年人的生活，不要把主观臆断的生活方式强加在老年人身上，而是应当根据老年人自己的个性和标准，让他们自己决定自己的生活方式。

（二）对养老机构社会工作的启示

连续性理论对于养老机构的启示在于要充分尊重老年人的个性和生活习惯，不能把所谓“正确的生活方式”强加于老年人。社会工作者在辅导过程中，要根据老年人固有的内在性格和外在的兴趣爱好，引导老年人根据自己的个性适应养老机构的生活，并且鼓励老年人在保持个性的基础上，逐步适应养老机构中的生活，缓解进入机构的生活不适感。

六、符号互动理论

（一）理论内容

符号互动理论由美国社会学家乔治·赫伯特·米德(George Herbert Mead)创立，并由他的学生赫伯特·布鲁默(Herbert Blumer)于1937年正式提出。符号互动论是倾向于从心理学角度来研究社会行为的理论流派，也称象征互动论、相互作用理论。“符号”是指在一定程度上具有象征意义的事物。符号互动理论认为事物对个体社会行为的影响，不在于事物本身为大家普遍理解的内容与功用，而是在于事物本身对于行为者个性化的象征意义，而这种个性化的象征意义源于行为者与他人的互动，这种互动是具有个性化特点的，总是会通过行为者个性化的解释修改事物对其自身的意义。

这种个性化的解释源于自我概念，而自我概念的形成又是根据他人对自己的态度、评价来思考的。对于老年社会学而言，老年人对于自我的认知来源于社会对于老年人的态度，如果社会对于老年人采取的是积极、鼓励、肯定的态度，那么老年人的自我认知度必然提高，获得积极晚年生活的可能性就比较大；如果整个社会都将老年人认定为无用、累赘、消耗资源，长此以往必然影响到老年人的自我评价，产生否定性的认知，老年人自身也会产生阻抗，从而使他们与社会的隔阂越来越大。

符号互动理论派生出了社会损害理论和社会重建理论。

社会损害理论认为，当社会已经普遍产生了对于老年人的消极看法，此时即使是老年人的一些正常行为，也会被他人看作一种否定性或者自身能力不足的行为，并且做出超出老年人期待或者违背老年人心愿的过激反应，尽管这种反应的初衷并没有恶意，但也可能对老年人的认知带来伤害。例如，秋天到来时，一位老年人漫不经心地和子女说自己感到有点冷，这可能是非常普通的一句话，但是子女可能立即将之与年龄联系起来，认为自己父母由于年老，已经不能适应年轻人认为的正常的气候变化，于是产生了过激的行为反应，为父母的房间增加了暖气设备等。尽管这一行为的初衷是关心老年人、让老年人更好地享受生活，但是这种关心却可能违背了老年人的心愿，让老年人觉得自己真的已经变老了。于是在未来的生活中，他们进一步丧失主体地位，甚至放弃决定权，生活中的一切都由子女来决定。现实生活中的很多案例都表明，对老年人的过分关心，特别是超乎实际的关心无益于老年人的生活，反而会降低老年人的自我评价，从而给老年人的身心带来损害。

社会重建理论在社会损害理论的基础上，强调需要通过改变老年人生存的客观环境，帮助老年人重建生活的信心，从而提高老年人晚年的生活质量。社会重建理论的基本模式包括三个阶段：第一，帮助老年人认识到社会对于老年人传递的信息是错误的；第二，应该为老年人参与社会、自我决定创造更好的社会环境，即使在创造的过程中需要投入更大的资源也是值得的；第三，鼓励老年人自我决定，不要过度依赖社会、依赖子女，遇到问题尽量自己解决。

（二）对养老机构社会工作的启示

符号互动理论对养老机构社会工作的启示是在与老年人互动的过程中，引导老年人去发现自身的特长和优点，并积极给予鼓励和认可，让老年人形成“有意义”的自我形象和意识。同时，养老机构社会工作者也要去影响社会意识，利用所有机会纠正人们对老年人的刻板印象。

社会损害理论和社会重建理论对于养老机构社会工作也具有理论价值。生活在养老机构的老年人也和社会有着千丝万缕的关系，社会环境会直接或间接地影响老人的心理，进而影响老人的行为。养老机构社会工作者可以首先改变小环境，重建尊重老年人、重视老年人价值的氛围。这种环境有利于老年人性格的表达，也有利于老年人改变原来消极的态度，促使他们愿意主动做出决定。这进而鼓励老年人积极参与养老机构及机构外的社会活动，鼓励老年人独立自主。

七、社会交换理论

（一）理论内容

社会交换理论以行为心理学和功利主义经济学为其理论依据，对社会交往中的报酬和代价进行分析。交换理论认为那些给我们提供更多利益的人使我们更愿意与他们进行交换，而我们日常的交往行为也是为了使自己获得更大的利益。有些交换行为暂时是单向的给予，但从较长时间来看，获得利益的一方一定会在某个时间给予回报，不然未来的交换行为很难继续下去。如果一方丧失了回报的能力，那么交换的频次和数量就会大幅度减少。当然，社会交换理论所认为的利益不仅包括财富，权力、声望，甚至是尊重都能够被当作利益进行交换。

社会交换理论听起来很现实、很残酷，但却客观真实地反映了社会现状。大多数的老年人在年轻的时候，掌握的资源较多，交换的对象、数量和频次自然也多，表现出的就是人脉广泛、朋友成群。但随着年龄的增加，特别是离开工作岗位后，老年人手中的资源和社会地位相应下降，可供交换的资源也大幅度减少，交换对象自然不比以往，于是就表现出所谓的“人走茶凉”的境况。社会学者基于社会交换理论提出，在老龄化社会背景下要提高老年人福利，其本质是向老年人群体注入更多的社会资源，也就是增加老年人社会交换的“筹码”，以保证老年人在社会互动中相对独立的地位。

（二）对养老机构社会工作的启示

社会交换理论有助于我们理解老年人身处弱势地位的原因，可以给我们提供一套分析的理论框架。养老机构社会工作者可以尽量增加老年人可供交换的资源，要以开放的眼光审视资源，除了权力、财富之外，声望、尊重也可以作为可供交换的资源来提高老年人的社会地位，让老年人感受到在给他人提供帮助后自我价值的存在。

第二节　有关照护者的基本理论

养老机构的照护者既包括养老护理员、护士、医生等机构员工，也包括老年人的家属以及相关的社会人士、志愿者、实习生等，甚至也包括养老机构社会工作者本人。他们在照顾老年人的过程中会遇到各类问题，如专业技能欠缺、照顾压力增加、人际纠纷、职业倦怠等，因此这些照护者也是养老机构社会工作者的服务对象之一，为他们开展服务时也需要理论支撑。

一、社会学习理论

（一）理论内容

社会学习理论是由美国心理学家班杜拉（Bandura）于 1952 年提出的。班杜拉认为，传统行为主义学习观认为的“刺激—反应理论”无法解释人类的观察学习现象，人们的学习不仅是重复过去的行为，而且会展现出创新的行为。班杜拉认为，要重视人的学习行为和环境之间的互动关系。人类行为是在与他人和环境的互动中学习的，观察学习是最重要的行为学习方式之一。但不仅仅是观察，人们的认知、行为、环境及其他个人因素都会相互影响，在人的学习中发挥作用。因此，班杜拉提出了交互学习决定论，强调在学习过程中，人的认知、行为和环境三者会发生交互作用，影响人的学习效果。

班杜拉进一步认为，社会学习理论认为个体的学习行为有三种机制，即联结、强化和观察学习。这三种机制可以帮助我们更好地认识人类是如何学习的。

1. 联结

社会学习理论中的联结是一个抽象的概念，起源于巴甫洛夫的经典条件反射学说：给动物一个刺激，动物就会有一个反应，这就形成了联结。例如，在给狗吃东西的时候摇铃，铃声就是一个刺激，狗在听到铃声后就有了分泌唾液的反应，在这种环境中的行为就是一个联结。社会学习理论强调各种联结的作用：不仅仅是情境和行为成为联结，一些行为也可以成为另一些行为的联结，一些知觉甚至一些情绪也可能成为一种行为或者情绪的联结。社会心理学家也经常使用联结的观点来解释为什么会产生这样的社会态度、人与人之间是如何被吸引的、某种社会规范又是如何产生的之类的现象。

2. 强化

强化理论认为人们从事或者不从事某个行为，背后都是有原因的，学习也可以被看作这样一种行为。一个优秀的学生在期末考试前认真复习，是因为考试获得优秀的成绩，意味着他将得到老师的赞美、同学的羡慕、父母奖励的一次旅行，这些美好的结果对于这个学生而言是一种正强化。另外一位成绩堪忧的同学在考试前也认真复习，他不想得到一个低分，因为得到低分会使得整个假期都笼罩在忧愁的气氛中，甚至还有父亲的棍棒等待着他，这些让人不愉快的结果就是一种负强化。尽管正强化和负强化有时候呈现的结果类似，但是其意义却是不同的。在强化的过程中，人们能够直接感受到自己行为结果的是直接强化，如前面所说的成绩不好就要挨揍，就是一种直接强化；但很多事情并不是都可能经历的，如大部分孩子不会去偷东西，因为他们知道如果偷东西被抓住会被扭送到派出所，然后自己的父母、老师、同学都会知道，自己则会永远背上一个“小偷儿”的骂名。观察别人的行为所得到的后果，这是替代强化。除此之外还有自我强化，就是当我们做了一件事情，人们对于这件事情的认识和评价会进一步刺激我们下一步的行为表现。强化理论还会涉及强化物、强化频率、强化时间等，这些都会对人们的行为产生影响。

3. 观察学习

观察理论认为，很多行为并不一定是自己亲身实践的，很多人通过观察他人或模仿自己心中的榜样，来学习某种社会态度和行为。例如，很多基层的员工在成为领导前，首先是观察自己的领导是如何工作的，这是一种重要的学习方式。在观察学习中，环境中的他人是学习者重要的信息来源。观察学习可能就发生在日常生活工作中，也可能是在没有任何其他外在强化的情况下发生。

（二）对养老机构社会工作的启示

社会学习理论重视榜样的作用，强调个人对行为的自我调节，主张建立较高的自信心。所有这些思想都是十分可取的，值得养老机构社会工作者在工作过程中借鉴并运用。养老机构管理者应充分看到员工相互之间的影响，主动在机构中树立员工榜样，利用榜样的作用激发员工的工作热情，使员工更多地表现出机构所希望的行为。

二、社会支持网络理论

（一）理论内容

社会支持是指在一定的社会网络中，运用物质、精神等手段，对于社会成员，特别是某方面相对弱势的成员给予帮助的行为。20 世纪 60 年代，社会支持网络开始被用于精神病学的临床治疗。

1. 基本假设

(1) 人类是群居动物，没有人能独自在世界上生存。人类的生存依赖于相互之间的合作，个人在获得帮助的同时也给其他人提供帮助。

(2) 人们都可能会遭遇到自己无法独自承担的事件，这时候就需要获得外部资源来渡过难关。

(3) 社会支持网络的价值，一方面在于为当事人提供帮助，另一方面(可能也是更加重要的)是能够为当事人提供资源支持，能缓解他所遇到的压力。

(4) 每个人的社会支持网络的大小是不一样的，拥有的社会支持网络越强大，应对外界挑战的能力就越强。

(5) 社会弱势群体的社会支持网络一般来说也相对较弱，社会工作者有义务帮助他们强化社会支持网络。

2. 定义

社会支持网络是指社会成员在日常工作和生活中能够接触到的关系网：一方面，社会成员通过这样的关系网来维系自己的身份和地位；另一方面，社会成员在遭遇变故时能够从他的关系网中获得物质、情感、信息、社会关系等方面的支持。

社会支持是由社区、社会网络和亲密伙伴所提供的感知的和实际的工具性或表达性支持。

3. 分类

社会支持的分类很多，按照不同的标准和方法会产生不同的分类。

(1) 按主观和客观分类，社会支持可以分为主观支持和客观支持。客观支持也被称为实际支持，就是为社会成员提供物质上的实际帮助；主观支持有时候也被称为领悟支持，主要是社会成员能够体验到的精神上的抚慰和支持。

(2) 按支持的来源分类，社会支持可以分为国家/政府支持、家庭支持、朋友支持、其他支持。其中来自国家/政府的支持又被称为正式的社会支持，来自家庭等方面的支持也被称为非正式的社会支持。

(3) 按支持的维度分类，社会支持可以分为认知支持、情感支持、行为支持。认知支持主要是提供信息，情感支持包括给予鼓励、安慰等，行为支持主要是指提供实际的帮助。

(二) 对养老机构社会工作的启示

社会支持网络理论是社会工作者的重要理论依据。养老机构社会工作者需要对服务对象的社会支持网络进行评估，并根据评估的结果拟订工作计划。这主要基于三个方面的考虑：第一，社会支持网络对于社会工作的开展具有重要帮助，社会工作者可以动用服务对象的社会支持网络资源解决服务对象本身的问题；第二，社会工作者也可以帮助服务对象扩大社会支持网络，提升服务对象运用社会支持网络资源的能力，从而达到助人自助的目的；第三，社会支持网络还可以预防或者缓解机构员工的照顾压力。

第五章

养老机构个案社会工作

个案社会工作在社会工作领域中有着悠久的历史，是一种主要的专业工作方法。面对养老机构内个别化较为突出的入住老年人及其家属的问题和需求，个案社会工作是一种有力的专业工作方法。本章将简单介绍养老机构个案社会工作的开展原则、介入模式及其基本步骤和相关技巧。

第一节　养老机构个案社会工作概述

一、养老机构个案社会工作的定义和性质

（一）养老机构个案社会工作的定义

养老机构个案社会工作，是指养老机构社会工作者依托养老机构对老年人及其照护者提供物质与情感支持和服务，旨在改善老年人在机构内的生活环境与条件，增强其社会功能，提高老年人适应养老机构和应对困难能力的活动过程。

（二）养老机构个案社会工作的性质

由定义可见，养老机构个案社会工作的一些基本性质如下：

(1) 养老机构个案社会工作者是接受过专业训练的专业社会工作者，他们具备社会工作专业价值观，具有社会工作理念，能运用社会工作方法和技术，在养老机构中为入住老人、家属、机构员工及其他相关人员提供服务。

(2) 养老机构个案社会工作者是专业人员，不是一般的志愿者，他们有特殊的价值观和专业的方法。

(3) 养老机构个案社会工作的服务对象是需要帮助的机构入住老年人及其照护者，特定情况下也包括老年人家属及其他相关人员。

(4) 养老机构个案社会工作的终极目标是为入住老年人增能，从而实现“助人自助”。

二、养老机构个案社会工作介入的内容

养老机构个案社会工作的目标是帮助入住老年人提高自身能力，以便老年人在养老机构获得更符合老年人自身利益的晚年生活。个案工作

介入的内容主要包括以下方面：

（1）协助入住老人客观地认识现状，帮助他们接受已经到来的养老机构生活。

（2）帮助入住老人回顾过去生活，将过往经历与当下生活有机整合，在肯定过去的基础上对当下生活产生积极、正面的感受。

（3）向部分入住老年人提供支持，帮助其改善与家属的关系，使家属为老年人提供更加积极、正向的支持。

（4）协助老年人构建积极、充实的机构生活，鼓励老年人参加机构的各类活动，鼓励老年人在条件允许的情况下走出机构，参与社会活动。

（5）维护入住老年人权益，通过建立老年人组织等形式，为老年人争取各种社会资源。

（6）普及健康的生活方式，为老年生活可能发生的各种变故做好积极的心理准备。

（7）普及科学的生死观，缓解老年人对于死亡的恐惧，帮助老年人正确认识死亡。必要时做好临终关怀及家属的哀伤辅导。

第二节　养老机构个案社会工作的基本原则

养老机构个案社会工作，与个案工作一样应当遵循个案工作普适性的原则，如个别化原则、无条件接纳原则、理解关怀原则、承认原则、非批判原则等。同时，老年人群体与其他群体有着不同的生理和心理特点，个案工作还应遵循这些独特的原则和要求，主要包括以下 5 个方面。

（一）从价值观上尊敬并接受老年人

中国文化中历来重视尊老爱幼，讲究孝道。但是，否定老年人价值，认为老年人昏庸、无能，只能消极地应付变化的世界的观念也依然存在。

持有这样的价值观是无法开展老年个案工作的。因此，我们应当在观念上接纳和尊重老年人，肯定他们过去为社会做出的贡献，尊重他们追求理想生活的权利，相信他们也是有意愿和能力改变自己生活的。同时，对于传统文化中的“尊老”也要带着批判的眼光去审视，传统的“尊老”带着浓烈的年轻人视角，缺乏对于老年人主体地位的尊重。

（二）建立与老年人相互信赖的关系

所谓相互信赖关系，就是一种互动和相互依存的关系，是需要老年人积极配合才能形成的信赖关系。个案社会工作者应与养老机构中的老年人建立起相互信赖的关系，这种关系建立的前提是老年人有意愿改变当下的处境，心理上对于社会工作者没有抵触情绪。如果还没有达到这一前提，社会工作者首先要解决的是老年人的情绪问题。与案主建立相互信赖的关系对于老年个案工作的顺利开展具有重要意义。个案社会工作者在与老年人接触时，要持非批判的态度，应真正地关心老年人，走进他们的内心世界，去探究他们的真实感受，并做出积极的回应，让老年人在与社会工作者的交流中感受到温暖、感受到自我价值的体现，不再有在传统养老机构中的孤单感，这样才能营造出建立信赖关系的良好氛围。

（三）采取有耐心、多鼓励的工作态度

从字面上看，这样的表述和普通的工作作风没什么区别，但对于从事老年服务的社会工作者而言，这样的工作态度则被上升为工作的基本原则。“多沟通、小步走、多鼓励、常反复”，这样的 12 字方针对于老年个案工作者会比较适用。

老年人的性格多种多样，有的比较开朗，有的相对内向，有的防备心很强、沉默寡言，也有的可能喋喋不休。同时，随着年龄的增加，老年人身体的各项机能开始下降，特别是听力、理解能力、接受能力都表现出很大程度的衰退。个案社会工作者可能比较多地面临这样的老年案主。无论是听还是说，保持耐心都是基本的要求。

在针对老年人开展个案工作时，社会工作者切勿开门见山、单刀直入，这样容易引起老年人阻抗的心理。在交谈之初，可以避免谈论案主的主要问题，而是沟通一些看似无关紧要的日常琐事，在谈话中找到和老年人的共同兴趣点，让老年人感受到社工对于他们的真诚。老年人由于记忆力下降，很可能重复已经讲过的话，此时如果社会工作者表现出不耐烦、打断讲话的情绪和行为，有可能让老年案主感觉不适，从而拉大双方的距离。

鼓励不仅适用于青少年教育，对于老年社会工作同样适用。老年人的一些行为有时表现得和孩子有一定程度的相似。因此，对于老年人取得的任何一点进步，哪怕是一点点正向的改变，社会工作者都应及时地给予充分的赞扬。这样不仅可以拉近社会工作者和老年人之间的关系，还可以帮助老年人增强自信心。同时，社会工作者也要注意，鼓励是发自内心的，而不是表面的敷衍。

（四）尊重老年案主的决定权

社会工作的基本价值观就是案主自决，案主本人最了解自己，也必须对自己的行为负责。让老年案主自己选择、自己决定，是个案社会工作者的基本原则。在实际生活中，有些老年人的日常琐事可能长久以来都是由子女做出决定的，已经习惯了不拿主意。但这不能成为他们被别人左右的借口，个案社会工作者还是应该鼓励老年人自己思考、自己决策，让他们在做决定的同时感受到自信和价值。在鼓励老年案主自决的同时，社会工作者更要鼓励其参与事务的全过程，对自己的决定负责。

（五）尊崇个别化的原则

尽管我们认知中的老年人有很多相似的地方，如思想保守、行动缓慢、体力不支、性格孤僻等，但并不意味着我们可以用这样的“模子”去理解所有的老年人。个案社工要秉持个别化的原则对待每一位老年案主。

个别化的原则意味着：第一，老年人本身是个别化的，有自己特有的想法、特殊的需求，这种个别化的特点应当得到充分的尊重；第二，老年人的需求是个别化的，因为有着个性化的特点，所以需求也可以和别人不一样，只要这样的需求是合理合法的，就应当得到满足；第三，老年人的反馈也是个别化的，并不是得到个案社会工作者的帮助后就必然要以感谢来回报，老年人可能有他自己的反馈方式，个案社会工作者应当接受这样的个别化的反馈方式。

第三节　养老机构个案社会工作的介入模式

本节主要介绍 6 种适用于养老机构的个案社会工作的介入模式。

一、精神分析治疗模式

精神分析治疗学说的开创者，是奥地利精神病医生西格蒙德・弗洛伊德(Sigmund Freud)，他认为人的意识包含两个层面，即意识和潜意识，意识就是人能够自己觉察到的心理活动，潜意识则包含着人的本能冲动，在出生以后就被压抑的人的欲望，这种欲望受到社会规范的制约只能被压抑在内心深处，通常人们意识不到。

精神分析治疗模式强调讨论老年人的潜意识层面，分析形成现状背后的原因，帮助老年案主认识现在的心理防御机制是在早年遇到的何种事情形成的，帮助老年人察觉自身所具备的十分顽强的防卫功能所引起的不安、焦虑、抑郁等情绪。在服务开展过程中，养老机构社会工作者非常强调对以往的父母与子女间关系的行动交感分析。当老年人把过去的关系模式转移至社会工作者身上时，社会工作者就能够协助当事人袒露心声和自我反省，从而找出问题的症结。

精神分析治疗模式也受到理论界的质疑，认为弗洛伊德的研究过多地集中在精神病人身上，在一定程度上缺乏科学性。同时，精神分析治疗对社工提出了很高的要求，社工需要学习大量的心理学知识与案例，否则难以取得好的治疗效果。

二、行为治疗模式

行为治疗模式是在行为主义心理学的理论基础上发展起来的一个心理治疗派别，是当代心理疗法和社会工作介入模式中影响较大的派别之一。行为主义理论认为“没有病人、只有症状”，没有必要把治疗的重点放在看不见摸不着的“想法”上，而是应该集中在行为上，就是要消灭我们认为需要治疗的不良行为，让正确的、良好的行为发生在案主身上，这样就能达到治疗的目的。

养老机构中的行为治疗模式认为，社会工作者应该把主要目标集中在改变老年人的行为上，行为才是导致老年人出现问题的根本原因。即便是年龄偏大的老年人，他们的行为依然是可以改变的。因此，社会工作者应该学习改变老年人行为的技巧，并且引导老年人在各种情形中掌握和采用适当的行为模式。

三、理性情绪治疗模式

理性情绪治疗模式，又称合理情绪疗法，这个模式认为情绪是由思维和信念所引起的，合理的思维、正确的信念会产生理性的情绪，想法不合理的信念往往使人们陷入情绪障碍，不良情绪又会导致错误的行为。一般来说，老年人在漫长岁月中逐步形成的思想中有理性和非理性的部分，而那些非理性的思想是导致老年人晚年生活痛苦的主要原因。老年人对于自己非理性的思想有能力去限制，也有可能去改变。个案社会工作者的价值就在于帮助老年人用理性的、合理的信念和价值取代原来思想中的非理性信念，在信念改变后最终改变的是行为。

所以，理性情绪治疗模式所采用的方法是主动、直接和教导式的，一般包括以下 5 个步骤：

(1) 与老年人交流，让老年人介绍自己在遇到问题时的心情与情绪，个案社会工作者界定困扰老年人的情绪中哪些是非理性信念，和老年人进行沟通，让老年人直面自己的非理性信念。

(2) 个案社会工作者帮助老年人认识到自己不适当的情绪和行为表现或症状是什么，让老年人明确产生这些症状的原因是由于自己造成的，要寻找产生这些症状的思想根源，即找出它们的非理性信念。

(3) 个案社会工作者向老年人直面指出信念在逻辑上和验证上的谬误。

(4) 个案社会工作者协助老年人改变自己的思想，以合理的信念代替不合理的信念。

(5) 个案社会工作者教导老年人如何进行逻辑性和科学化的思考，希望他们从今以后可以减少不合理的信念和不合逻辑的推论。

四、行动交感分析模式

行动交感分析模式把人的性格与人际互动关系看作一个整体，认为每一个人(老年人也是如此)都由三个部分组成：父母、成人、儿童。父母那一部分告诉我们什么是正确的、好的；成人那一部分做出决定及测试现实情况；儿童那一部分主要是玩耍和有需要。在个案辅导中，社会工作者要不断地教导老年人这一理论观点，告诉他们当三个部分互相引起冲突时便会构成老年人心理上和人际关系上的矛盾。比如，有些老年人觉得子女们不把自己当作父母看待，反而当作儿童般看待，于是他们在沟通互动上便会出现很大的矛盾。对此，社会工作者力求协助老年人达到三个部分的平行并稍微突出成人决策的那一部分。一个太偏重儿童部分的老年人很难有一个负责任的生活，而一个太偏重父母部分的老年人很难去享受生活。

五、危机介入模式

危机介入模式强调危机状态对老年人而言是个人对目前生活适应的挣扎，这种状态可能是一种威胁，最后消极地导致个人的无助、焦虑、崩溃、精神失常等；也可能是一种挑战或转机，最后积极地演变成个人较好的适应过程。利用这个模式开展养老机构个案社会工作，就是社工在危机的情景中，需要立即给老年人以情绪支持和有效的实质服务，使老年人在高度压力的状态中得以喘息，同时积极协助其发挥潜在的心力、体力以及社会资源，以应对危机的情境。

六、问题解决的治疗模式

问题解决模式有两个基本假设：

第一，人们的生活就是由一连串问题解决的过程所组成。

第二，假如一个老年人无法适当地处理问题，则可能是由下列各项因素造成的：动机不足、能力不够和机会缺乏等。因此，他们必须凭借着机构和他人所提供的物质的、社会的和心理的协助才能解决问题。

基于上述假定，问题解决模式的主要目标在于帮助老年人发现自己的问题，并且有意识地自己努力提高自己解决问题的能力，以应付目前不能克服的问题，同时希望老年人能从这个学习的过程中，产生和提高自己处理问题的能力，以便在今后的生活中再遭遇类似的问题时，能够有能力从容面对和处理。为了达成这些目标，在实际过程中，社会工作者会从以下三种途径来展开工作：

第一，引导老年人发现问题，鼓励老年人增强改变现状的动力。

第二，进一步发挥老年人解决问题所需要的自我功能的感觉、知觉、认知、理解、判断和行动的能力。

第三，提供老年人在解决或减轻问题时所需要的资源或机会，以便老年人有可能扮演成功的角色。

第四节　养老机构个案社会工作的基本步骤和技巧

一、养老机构个案社会工作的基本步骤

养老机构个案社会工作的过程遵循个案工作的一般步骤要求，简单来说包括以下几个部分：了解案主、建立专业关系、共同预估问题、确定目标与制订计划、澄清问题、列出其他途径、探讨其他途径、得出结论、结案等。其中又以以下三个步骤最为关键。

（一）建立专业关系

建立良好的专业关系，目的是要让老年案主和社会工作者一起合作，更好地去寻找案主所面临困难的解决方法。建立专业关系是在个案工作开始阶段最重要的任务之一，而要与案主建立良好的专业关系，社会工作者是关键。在服务开始阶段，社会工作者要对案主真诚、保持同理心和无条件接纳，这是建立专业关系的基础。也只有双方拥有了这种良好的关系，反过来才可以进一步促进双方的合作、开放和信任。

（二）共同预估问题

预估，也被称为初步评估，目的在于初步确认案主的问题所在，确定进一步行动的大致方向，为进一步制订详细的工作目标和计划奠定基础。

（三）确定目标与制订计划

目标和计划都是个案工作的核心要素。目标的实现一定不是社工单方面的行为，而是社工与案主共同讨论而达成的有意义的改变的可能性。计划是案主在社工的帮助下，实现目标所采取行动的循序渐进的具体步骤。

二、养老机构个案社会工作的基本技巧

（一）自我探索的技巧

自我探索贯穿于个案社会工作的整个过程，养老机构个案社会工作者应该帮助老年案主自我探索，让他们更深入、仔细地了解自己的感受和心态，为达到预期的改变而创造条件。社会工作者在帮助案主自我探索的过程中，要注意以下几点。

1. 工作初期避免采用劝告

劝告是个案工作过程中的一种介入技巧，但劝告技巧适合在双方已经建立起互信关系的时候使用。社会工作者过早地使用劝告技巧，特别是在专业的工作关系尚未建立的服务初期，案主有可能会认为社会工作者居高临下，没有深入地体察自己的内心世界，结果反而不利于案主的自我探索。

2. 避免压迫式询问

在初次面谈时，社会工作者利用询问的技巧收集案主更多的资料，以更加深入地了解案主。这本是非常必要的，但在使用询问技巧时，社会工作者一定要注意不能用一连串的问题让案主感到压迫，使案主产生一种“被审问”的感觉。如果案主在询问的过程中感受到自己被压迫，那么可能会采取消极的态度封闭自我。因此，在谈话初期，社会工作者应更多地采用开放式问题，给予案主更多的思考时间，这样更有利于案主做自我探索。

3. 聆听案主诉说

聆听也是社会工作者经常使用的技巧。在面谈时，社会工作者不仅需要细心聆听案主话中的意义，更要通过案主的用词及文法了解案主对其他事情的看法。社会工作者可以要求案主更全面地描述其行为，这有助于案主自我探索及做出决定。

除了上述技巧外，还有避免过早解决问题、聚焦在案主身上、注意案主的隐喻、社工的比喻要精简和具体等技巧。这些技巧的灵活和适当的

使用，对促进老年人自我探索有很大的帮助。

（二）辅导技巧

沟通是社会工作的基本技巧，也是构成社会工作专业关系的基础，甚至可以说，社会工作的治疗过程就是沟通的过程，沟通技巧适用于几乎所有人群。也许是对于老年社会工作的研究较少，专门论述老年人沟通技巧的文献相对较少。同时，由于老年人的特殊性，他们已经形成了较为稳定的世界观和价值观，通过沟通促使他们改变的难度也相对较大。从某种意义上说，老年社会工作的难度也更大。为老年人提供服务，社会工作者要学习的不仅是理论层面的知识，还有实践层面的练习、思考、操作，只有这样，社会工作者才能逐步领悟到老年人辅导上的真谛，实现有效地为老年人提供服务的目的。

老年个案辅导的过程是社会工作者与案主建立专业关系的过程。这种关系是建立在谈话基础上的，它不是普通朋友之间的聊天儿，而是一种在社会工作价值观指导下的专业助人行为，目的是有效促进老年案主的转变。在这个辅导过程中，社会工作者需要与案主交流想法、分享自己的体会，向案主表达自己的想法与感受，传递愿意为案主提供帮助的态度。在充分评估的基础上，社会工作者需要向案主传递新的观念、新的希望，给予案主支持，提高案主能力，鼓励案主努力做出改变。

在老年个案辅导过程中，社会工作者会用到以下基本技巧。

1. 专注老年人的感受

社会工作者在与案主沟通过程中，往往会被案主讲述的内容所吸引，并将关注的重点集中在案主所描述的事件上，社会工作者可能会凭借自己的价值观对于案主所描述的事件进行评论。但这里却忽略了一个重点，社会工作者是专业的助人者，在治疗过程中，关注案主的情绪有时候比事件本身更加重要。案主因为自身原因面临着事件和情绪双重困扰，社会工作者首先应当处理的是情绪，也就是案主的感受。

应当指出的是，感受就是感受本身，是没有好坏之分的；每一个人都有权去感受。从社会工作的视角来看，案主的感受是有其存在原因的；感受本身没有问题，转化为行动的感受才有危险性。因此，即使案主表达了一个非常负面的感受，我们依然不能批评。如果案主做出了一个非常错误的行为，社会工作者要纠正他的行为，就必须正视他的感受。否定或者忽视案主的感受，并不会减少这种感受的存在。

（1）表达感受

很多时候，案主在带着情绪的情况下，往往侧重于描述的是行为。此时社工应当鼓励案主讲出他的感受，可以用书面表达的方式让案主写出他此时的感受。

（2）确认感受

社会工作者可以用兴奋、快乐、沮丧、气馁等词语，与案主确认他的感受。

（3）回应感受

社会工作者在辅导的过程中一定要回应老年案主的感受，可以遵循下列宗旨：向案主表示理解并接纳案主的感受，继而支持案主；帮助案主集中在其感受上。

2. 明确老年人的谈话内容

确定案主谈话的内容，从而注意案主当时的情绪感受，对案主的情绪感受和谈话内容做出准确的回应。

3. 准确的同理心

同理心是社会工作者的专业技巧，是对老年案主的一种“感同身受”的情感表达。社会工作的初学者，往往将同理心简单地与重复案主表达的内容相提并论，认为我重复了案主的话，就表示“我”理解了案主此时的心情，拥有了同理心，这其实是比较浅层次的理解。更高层次的同理心是肯定案主的遭遇，理解案主的心情，尝试使用专业的方法去影响案主，引导案主从更客观的角度看待自己所遭遇的问题，同时能够对案主尚未表达充分的内容进行有效沟通。需要指出的是，并不是表示同意就是同理心，表示否定就不是同理心。同意只是表示批准某种行为或赞同某种看法，而同情则是表示出对某种遭遇的遗憾。

4. 非语言沟通

社会工作者与案主之间主要是语言的沟通，但很多时候，非语言沟通也会起到决定性作用。例如，社工面对案主的表情是否自然，眼神是否专注，目光是否亲切，身体是否倾向于案主方向，等等。同时，社工在沟通中除了倾听案主的语言，还要注意观察案主的非语言姿态，如手势、神态、动作等，有时候从案主的非语言姿态中也可以获得更多信息，进而体察到隐藏在案主内心的“言外之意”。

5. 鼓励回应的技巧

可以通过5种工作技巧去鼓励老年案主对社会工作者的辅导做出回应，它们分别是：

(1) 重复案主话语；

(2) 回应案主感受；

(3) 总结案主的感受；

(4) 要求案主澄清；

(5) 确认案主的非语言行为。

6. 怀旧

怀旧是指在社会工作者的指引下，帮助老年人回顾过往生活中最重要、最难忘的时刻，这种方法特别适用于老年个案社会工作。通过回顾往事，老年人再次体验过去的快乐与成就。这种怀旧不仅有利于社工建立起与老年人的专业关系，而且有利于老年人本身的身心健康，帮助老年人找回自尊和荣耀。

7. 生命回顾

怀旧是指对过去某个片段进行回忆，而生命回顾是对老年人的整个人生进行回忆。生命回顾让老年人重新思考自己一生中成功或者失败的经历，让老年人重建完整的自我。

运用生命回顾技巧时，社会工作者需要注意以下几点：

（1）使用生命回顾技巧，一定是在社工与案主已经建立起互相信任的专业关系之后。

（2）生命回顾需要循序渐进，遵循先易后难、先乐后苦的原则，初期可以回忆那些愉快的、富有成就感的人生经历，取得成果后慢慢地过渡到消沉或者失落的往事上。

（3）在生命回顾过程中，社工要摆正自己的位置，不能将所有注意力全部集中在老年人所描述的故事中，而是应当关注老年人在述说经历过程中的情感变化，也就是他们的喜怒哀乐，从中可以发现他们被压抑的情感，抒发这种情感本身就具有积极意义。

（4）对于早年经历中有重大变故的案主，如丧偶、子女变故等，社工要协助他们把痛苦的感觉宣泄出来。

（5）当怀旧情绪得到抒发后，社工可以采用“时间紧迫”技巧，协助老年案主将自己从过往回忆拉回到现实生活中。

（6）生命回顾的作用是帮助老年人案主客观地评价自己一生的经历。案主在回忆的时候可能会有过分自责的表现，此时社工应当帮助案主客观地分析这些问题产生的原因，尽量地做“外归因”，避免案主把所有责任承担在自己身上。

除了上述内容外，辅导技巧还包括自我披露、赞赏、结束面谈等，社会工作者全面和熟练地掌握与运用这些技巧，对有效地开展个案工作大有裨益。

三、其他技巧

在开展养老机构个案社会工作的过程中，还有一些细节性的技巧同样不容忽视，因为这些技巧的运用也会影响到个案工作的成败或有效性。

(一) 建立老年案主记录档案

在与案主进行沟通时，应将案主的信息记录在案。最低限度的档案内容由如下 7 个方面的资料组成：基本背景资料(包括姓名、性别、年龄、地址、电话、职业等)、初步显示的问题、案主现在的生活环境(包括案主的经济状况、社会地位、居住环境、休闲方式等)、家庭历史(包括子女情况、兄弟姐妹情况、配偶情况以及家庭成员的健康情况等)、个人历史(包括个人健康、教育、工作、婚姻等历史，以及案主以前是否接受过辅导及效果如何等情况)、案主在面谈过程中的表现(包括案主的外表及肢体动作，案主与社工之间的互动关系，案主的动机强度，案主所表现出来的认知能力、抽象能力和知识储备，案主最关注的话题等)、总结和建议(见表 5-1)。

表 5-1　个案接案记录表

档案编号：　　　　社会工作者：　　　　接案日期：

个案来源：□本人申请　□家属/亲朋申请　□其他部门工作人员转介
□其他(请注明)：________________

服务对象基本资料

姓名		性别		年龄		籍贯		民族	
政治面貌		宗教信仰		婚姻情况		文化程度			
原工作单位及岗位/职务		联系方式							
家庭住址		所属社区							
入住科室		楼层房间/床号		入住时间					

自理能力：□完全自理　□半自理，能行走　□半自理，不能行走　□完全不自理

疾病：□无　□血压高/低　□眼疾，如白内障　□帕金森症　□气管病
□心脏病　□关节炎　□糖尿病　□脑卒中后遗症　□肾病　□阿尔茨海默病
□癌症　□失明/部分失明　□失聪/部分失聪　□肢体残疾
□精神病：________　□疼痛症状：________________
□其他：________________

最近 6 个月有没有以下事件发生：
□无　□自己健康有转变　□家人健康有转变　□自己及家人经济状况有转变
□亲人去世　□同住的室友有变化　□搬家　□其他：____________

续 表

相关第三方							
姓名	关系	年龄	性别	职业	单位/家庭住址	联系电话	备注
社会工作者接案							
个案缘由：							
是否介入：□介入 □转介 个案性质：□危机介入 □一般事件							
介入范畴：□情绪困扰 □经济困难 □健康问题 □入住适应 □跌倒危机 □老年人被虐 □护老者支援服务 □人际关系及支援 □善别/善终服务 □行为及精神问题 □自我照顾问题 □记忆及认知问题 □居住环境危机 □服务申请及支援 □服务投诉与建议 □其他：________							
督导意见： 督导签名： 年 月 日							

（二）妥当安排面谈场所

面谈场所的环境会影响到各项工作的顺利进行，所以在工作中需要考虑以下注意事项：

（1）社工穿着要适当，不可太夸张或过分惹人注目。

（2）社工不应坐在书桌后面造成与案主的阻隔，一个理想的面谈，社工与案主应该是呈90度角状态。

（3）在宁静和安全的环境中进行面谈。

（4）社工一定要准时出席，不应让案主等候。

（5）预备一盒纸巾以备案主落泪时使用。

（6）面谈的房间内要营造一种温馨的气氛，能够帮助案主放松下来。

（三）记录工作历程

每一次个案工作后，社工都应该做一份记录，以便掌握进度、了解成效和作为法律方面的依据。一份个案工作的记录通常包括：主要内容及主题；案主有回应的有效辅导介入手法；案主在认知、感受和行为上的状况；下次会谈前社工预期案主的行为表现；预期要达到目标所需要的面谈次数与时间；案主预期效果的显示指标。可能会使用到的表格见表 5－2、表 5－3、表 5－4、表 5－5、表 5－6。

表 5－2　个案问题预估表

档案编号：

姓名		接案日期		社会工作者	
资料收集					
服务对象 问题陈述					
产生原因					
曾做过的努力 和重要经历					
个人现状	生理状况：				
	心理状况：				
	社会状况：				
支持系统					
问题及需求预估					
督导意见：					
				督导签名： 年　　月　　日	

表 5－3　个案服务计划表

姓名		社会工作者		档案编号	
介入目标					
近期目标					
远期目标					
介入计划					

预计执行时间	行动策略	需要资源	执行者

督导意见：

督导签名：

年　　月　　日

表 5－4　个案服务记录表

姓名		社会工作者		档案编号	
服务时间		服务地点		服务次数	
服务目的					
服务内容					
小结评估					

督导意见：

督导签名：

年　　月　　日

表 5－5　个案服务评估表

姓　名		社会工作者		档案编号	
评估方法					
服务进展情况					
目标完成情况					
服务对象现状					
服务对象意见	获得的帮助： □没有提供帮助　□提供有用资料　□生活适应　□行为矫正 □人际关系支持　□家庭关系调适　□健康服务　□临终服务 □经济援助　□情绪辅导　□危机介入　□转介服务 □其他：__________ 是否达到预期： □比预期好得多　□比预期好　□和预期一样 □比预期差　□比预期差得多				
介入工作反思					

督导意见：

督导签名：

年　　月　　日

表 5-6　个案服务结案表

姓名		社会工作者		档案编号	
接案日期			结案日期		

结案原因：□目标达到　□不能提供所需服务
□社会工作者认为不适宜继续提供服务，理由：____________
□服务对象不愿意继续接受服务，理由：____________
□情况有变化(如服务对象不在服务区)：____________
□其他：____________
服务对象同意结案，并知道在有需要时如何得到服务：□是　□否

结案服务记录：

督导意见：

督导签名：
年　　月　　日

第六章

养老机构小组社会工作

虽然个案社会工作可以比较深入、细致地为老年人提供服务，但是因为其是一对一地开展服务，所以这种方法比较耗时费力，并且个案工作对于社工而言，需要完全依靠社工个人的力量，相对来说对于社工的要求较高。小组社会工作正好可以弥补这个不足，更可以利用小组动力来促进小组成员的改变，让养老机构中的老年人“焕然一新”。本章将简单介绍在养老机构运用小组社会工作方法的实施模式、基本原则和相关技巧。

第一节　养老机构小组社会工作概述

一、养老机构小组社会工作的定义、类型和特点

（一）养老机构小组社会工作的定义

所谓养老机构小组社会工作是指入住养老机构的老年人在社会工作者的协助和指导下，在养老机构开展小组活动，利用小组互动产生的小组动力，分享小组成员之间的成功经验，改变长久以来形成的行为模式，正确面对现实困难，恢复老年人的社会功能，提升老年人适应养老机构生活的能力，促进老年人发展。

以上对于养老机构小组社会工作的定义，还可以从以下几个方面来理解：

(1) 养老机构小组社会工作是在养老机构中，在社会工作理念指导下开展的专门的助人活动。

(2) 养老机构小组社会工作是一种专业的助人服务，不是简单地和老年人聊天儿。它也有别于志愿者进入养老机构服务老年人，开展志愿活动。

(3) 养老机构小组社会工作的目的是运用小组动力，促进老年人问题的改变，有效提升老年人的能力，促进老年生活健康和谐地发展。

(4) 养老机构小组社会工作的关键是利用小组动力和小组的凝聚力，这是小组工作相对于其他形式社会工作的关键优势，也是老年小组不断发展和变化的基础与前提条件。

（二）养老机构小组社会工作的类型和特点

1. 养老机构小组社会工作的类型

在养老机构适合开展老年小组工作的类型是根据老年人呈现问题、

发展目标、机构特点而定的，总体而言有以下几种类型：

(1) 解决老年人遭遇具体问题的老年人支援小组、老年人治疗小组；

(2) 促进老年人生活多样化的老年人社交小组、老年人康乐小组；

(3) 提升老年人发展能力的服务小组；

(4) 减轻护老者负担、提升其能力的护老者小组。

2. 养老机构小组社会工作的特点

不同的小组类型有不同的目的，也会影响小组的形成、运行方式、工作重点等具体的小组模式。表6－1对于不同老年人小组类型的不同特点做了比较，以便于读者更全面地理解老年小组工作。

表6－1　老年小组特性比较

小组特性	老年小组类别				
	支援小组	治疗小组	社交康乐小组	服务小组	护老者小组
目的	帮助组员应对日常生活压力	帮助组员改变行为及康复	帮助组员与同辈积极参与身心健康的活动	帮助组员共同合作，为他们提供服务	帮助家属扮演及发挥护老者的功能
社工角色	促使相互之间的支持和帮助	专家、权威人物、改变者、促使者	促进活动程序，提供架构	协调者，帮助组织行动计划	教育者、支持者、使能者、倡导者
重点	组员分享和共同关注	组员的问题、关注及目标	小组程序成为活动参与、学习等的媒介	完成任务	护老者的需要及老年人的需要
维系的因素	共同的困难和相同的经历	组员之间的相互关系	对活动、学习、技巧发展上的共同兴趣	相同的目的和关注	护老者的角色
组合	曾经遭遇相同困难的组员	可以是有不同背景或拥有共同点的组员	不同人士或类似技能水平，有能力参与活动者	人数多，背景不一，鼓励分工	不同人士，但都是护老者，正在承受护老压力

续　表

小组特性	老年小组类别				
	支援小组	治疗小组	社交康乐小组	服务小组	护老者小组
沟通	高度互动，公开沟通	社工或小组领袖对组员或相反	在活动上通过语言及非语言相互沟通	因任务及角色而不同	组员间及与小组领袖或社工的沟通
自我披露程度	中度及高度，主要分享适应技巧	高度	低度	低度	中度及高度，主要分享适应技巧
运作	非正式，平等参与共同讨论	组员互助解决问题	决定程序活动性质，团队精神及语言和非语言参与	形式化程序	一般非正式及平等参与，也可包括正式的演讲

二、养老机构小组社会工作的实施模式

老年小组工作的实施模式是对开展养老机构社会工作的一种经验积累和提升，可以用来直接指导老年小组工作的开展和完成小组工作的目标。涉及老年小组工作的实施模式有许多种，包括社会目标模式、治疗模式、交互模式、过程模式、行为修正模式、任务中心模式、团体中心模式、个人成长模式及成熟阶段模式等（见表 6－2）。

表 6－2　老年小组工作实施模式比较

项目类型	治疗模式	交互模式	行为修正模式	任务中心模式	团体中心模式	个人成长模式
目的	通过行为改变，以减除社会失调行为	产生自我的体系	学习社会行为	预防和康复	经过自然的发展过程达到互动	发展自我了解
目标	产生个人的适应行为	产生自尊和团体的发展能力	民主的协助，推广特殊的学习行为	有成员来解决特殊的短期任务	不是定目标，而是在团体存在中产生自己的目标	减除个人行为的盲点与隐藏部分

续 表

项目类型	治疗模式	交互模式	行为修正模式	任务中心模式	团体中心模式	个人成长模式
领导功能	指导式的干预以达成治疗目标	提供辅导与特殊技巧的有效资源	教导成员各问题解决阶段的行为技术	区分目标问题，介入确定任务的实现，修正并激发团体的条件	成为自然的、接纳的和非批判的成员	鼓励真诚
领导角色	变迁媒介	协调者和资源能力	专家和催化者	变迁媒介和干预的控制者	互动的创造者与资源人力	成员、自然反应者、资源人力
成员	社会功能丧失的个人	平等地位的个人	有同样性质的环境问题，具有互补的问题角色	个人接受团体的意向，每个人有相似的问题与任务且相互协调	一般都是团体的常客	相当世故的团体中的个人

第二节　养老机构小组社会工作的基本原则

一、实事求是原则

这里所说的实事求是，是相对于先入为主的观念而提出的。很多从事老年工作的服务人员，往往会有先入为主的观念，在做具体事情前就已经对老年人的反应和行为有了“预估”，并且按照这个“预估”去设计之后的工作。这种做法在社会工作专业看来是不恰当的，可能会让老年人受到冷落而失去参加活动的兴趣。

养老机构社会工作者在开展老年小组工作时，要摈弃先入为主的观念，在全面观察和详细分析的基础上得出结论，不要先行假设老年人喜欢什么、不喜欢什么。

例如，有些人可能主观武断地认为女性老年人更喜欢参加小组活动，而男性老年人更希望在房间里读书、看报纸。这就是一种先入为主的观念。事实上可能的确是老年女性参加活动的比例比男性大，但持有这种观点对于开展活动没有任何好处，相反，在活动前应该鼓励所有的老年人参加活动。

二、照顾特殊的原则

老年人由于年龄原因，身体机能不如年轻人，而且每个人都有不同的特点，有的可能是腿不好，有的眼睛不好，有的健忘，等等。参加集体活动遇到的困难也是个性化的，当活动的统一性遇上个性化的困难该怎么办？这就要求社会工作者也一定要考虑到每个老年人的特殊需要，尽可能创造客观条件帮助老年人降低各种困难对于参加活动的影响程度。社会工作者在工作中一定要细心、耐心、周到，尽可能地考虑到各种不利因素，花费一些时间和精力，让愿意参加活动的老年人不因为自身的特殊性而被拒之门外，这些付出都是值得的。

三、组团适当的原则

什么人参加什么小组，首先是要根据小组成员的需求来决定的。例如，养老机构适应小组，成员就应该以新入院的老年人为主要对象，也可以吸纳少数在养老机构生活过一段时间的老年人做经验分享。其次是要考虑到成员对于小组活动感兴趣的程度，这对于小组目标的完成和小组的持续性非常重要；对于小组成员的同一性还是差异性，不能一概而论，而是要看到他们各有各的特点。小组成员特点同一性强，有利于形成小组共识，小组凝聚力也比较强；但这样的小组可能因为想法过于接近而创新性不足。小组成员特点差异性大，可能在小组过程中大家的意见难以统一，各有各的想法，但是此类小组适合头脑风暴，贡献更多的创新性想法。一般来说，宜把教育水平大致相当、身体活动能力无甚差别、兴趣爱好类似的老人组成一个小组，但小组顺利开展的关键还是在于组员需求的趋同性。

四、反对强迫原则

小组社会工作者为了完成小组目标，可以调动老年人参加小组活动的积极性，但是不能强迫老年人参加活动。这里所说的不强迫有三个层面的含义：第一，老年人可以在小组形成前做出参加或者不参加的决定，对于不参加的老年人不能强迫，也不能有任何的歧视；第二，在小组活动的具体项目上，老年人有参加和不参加的选择权，对于某些项目老年人可以选择不参加而作为观察者，社工应当充分尊重他们的选择；第三，在小组活动的过程中，老年人有继续参加和退出小组的权利，社工不能强迫老年人留在小组内。

第三节　养老机构小组社会工作的基本步骤和技巧

一、养老机构小组社会工作的基本步骤

专业的小组工作涉及许多技术性的内容，而小组工作的每一个阶段涉及的技巧各有不同。小组工作中可能会使用到的表格见表 6－3、表 6－4、表 6－5、表 6－6、表 6－7、表 6－8。一般小组社会工作的基本步骤包括两个阶段：前期准备阶段和工作过程阶段。

表 6－3　小组工作计划表

小组名称		档案编号	
小组类型	□教育　□支持　□治疗　□成长　□其他：＿＿＿＿		
服务时间		服务地点	

续 表

<table>
<tr><td>服务对象</td><td colspan="3"></td><td>参与人数</td><td></td></tr>
<tr><td>负责社会工作者</td><td></td><td>协助社会工作者</td><td></td><td>督导</td><td></td></tr>
<tr><td>合作者</td><td colspan="5"></td></tr>
<tr><td>理论基础</td><td colspan="5"></td></tr>
<tr><td>需求评估</td><td colspan="5"></td></tr>
<tr><td>目的</td><td colspan="5"></td></tr>
<tr><td>具体目标</td><td colspan="5"></td></tr>
<tr><td>服务内容</td><td colspan="5">（具体执行计划可附后）</td></tr>
<tr><td>招募方法</td><td colspan="5"></td></tr>
<tr><td>招募条件</td><td colspan="5"></td></tr>
<tr><td>评估方法</td><td colspan="5"></td></tr>
<tr><td>预计困难及应变</td><td colspan="5"></td></tr>
</table>

续　表

预算	

督导意见：

督导签名：
年　　月　　日

表 6－4　小组组员情况表

房号	姓名	性别	年龄	籍贯	职业	文化程度	性格	爱好	身体状况	特别事项

表 6-5　小组服务计划表

档案编号：　　　　　　服务时间：　　　　　　服务地：

小组名称			社会工作者		
时间安排	服务内容	服务目的	服务流程	物资准备	备注

督导意见：

督导签名：

年　　月　　日

表 6-6 小组成员出席情况表

小组名称				社会工作者					
小组/活动组员出席情况									
序号	姓名	性别	第一节	第二节	第三节	第四节	第五节	第六节	第七节
1									
2									
3									
4									
5									
6									
7									
8									
9									
10									
11									
12									

备注：

表 6－7　小组服务记录表

档案编号：

服务时间		服务地点		社会工作者	
小组名称			小组阶段		
组员					
内容记录：（小组成员互动及表现、社会工作者服务情况、目标完成情况、小组进度等）					
小结评估：					
督导意见： 督导签名： 年　　月　　日					

表 6－8　小组服务评估表

档案编号：

小组名称			小组类型		
服务时间		服务人数		服务总节数	
组员					
小组成员自我评估					
社会工作者自我评估					
小组服务过程评估					
小组目标完成评估					

督导意见：

督导签名：

年　　月　　日

（一）小组工作前期准备阶段

在这个阶段中，小组工作者要完成这么几项工作：

（1）了解服务对象的需求。这项工作是在小组目标形成前的调研阶段，社会工作者应当根据老年服务机构的使命，科学调查养老机构中老年人的需求，根据需求确定组建小组的目标和任务。

（2）制订计划书。根据小组目标和任务，结合养老服务机构老年人的特点，社会工作者要制订小组工作的计划书，包括小组招募什么组员、小组人数、开展几次活动、每次活动达到什么样的目的等。计划书是未来开展小组活动的执行性文件。

（3）联系资源。开展小组工作肯定需要各类资源，包括场地、人员、材料、资金等，甚至可能需要其他部门的配合。在小组正式开展前，社工需要根据制订的计划书完成资料的收集和各项资源的筹备。

（4）信息发布和组员招募。社工可能以通知、海报、微信公众号等形式发布小组活动信息。不同的发布渠道可能有不同的效果，以养老机构官方渠道下发可能更能引起老年人的重视，但是活动会给人一种官方、正式的感觉。同时，招募组员还涉及组员的遴选，报名者是否符合组员条件等情况。

（二）小组工作过程阶段

小组工作过程阶段主要包括小组工作过程、小组工作结束和小组评估三个部分。

（1）小组工作过程是按照准备阶段制订的小组计划，逐步开展小组活动，完成小组目标的过程。这里需要强调的是，小组过程并非按照小组计划一成不变，社工需要根据小组的进展对于小组计划进行适当调整，如果小组目标还没有完成，可能要增加小组活动的次数。

（2）小组工作结束。小组工作结束不是一个时间点，而是一个过程。在活动的最后阶段，社工就要开始处理小组工作的结束，包括处理组员的情感、小组结束后成果的保持等。小组结束并非意味着所有工作到此为止，特别是在养老机构中，社会工作者和老年人未来还将共同生活在一起，可以约定小组结束后碰到问题的处理方式。

(3) 小组评估。小组评估的主要目的是了解小组的成果是否实现了目标。评估可以采用定量评估、定性评估，或者两者相结合的方式；可以是社工评估，也可以是组员评估，也可以是机构或者第三方评估。

二、养老机构小组社会工作的基本技巧

（一）充分的准备

无论是在活动筹备阶段，还是在具体的活动之前，社工都应当做好充分的准备工作。准备工作包括场地、材料的准备，小组成员的准备，突发情况的应对，等等。尤其是在开展第一次小组活动时，社工更应当考虑到使用怎样的语言，组员可能有怎样的反应，如果冷场了怎么办，可以通过什么活动来活跃气氛，等等。

小组社工要充分重视游戏的使用，一方面这是暖场、活跃气氛的重要工具，另一方面游戏本身也是小组治疗的重要工具，通过游戏，小组成员能够说明自身问题，达到治疗效果。社会工作者要防止为了游戏而游戏，游戏本身是工具而不是目的。

（二）老年的特殊性

社会工作者所组织的活动一定要考虑到养老机构和组员的特殊性，所涉及的活动和游戏一定要简单易学，不能让老年人花费过多的精力依然没有理解。如果活动中缺乏趣味性或者难度太大，那么老年人很可能会对其进行内归因，因为无法达到社会工作者的要求而感到自己无能。所以在小组活动过程中，社会工作者应以清晰、缓慢的语言讲解规则，要确保每个组员都明白规则。

（三）积极的鼓励

鼓励和赞美永远是小组活动过程中的不竭动力。养老机构小组工作

者要不失时机地鼓励组员开展活动,对于小组成员取得的任何一点成就都给予充分的称赞。老年人如同小孩一样,受到别人的肯定是一件非常开心的事情,能够激励他们投入更多的时间和精力参与其中。当然,这时候社会工作者也要注意,鼓励和称赞是由衷的、得体的,不是无中生有的。老年人也是非常敏感的,如果老年人感受到社会工作者的夸大其词,甚至是虚伪的吹捧,就很可能会影响到之后小组活动的进行。

(四) 关心每位组员

小组与个案的差异就表现在活动中不是一对一,而是一对多。一个小组可能有超过十位组员,每位组员对于同样的活动内容感受是不一样的,有些人热情、有些人冷淡;有些人讲话刹不住车、有些人虽然被鼓励但却沉默不语,这些组员都需要社会工作者去观察,给每个人足够的关心。同时,有些组员可能过于热情,甚至形成了小团体,小团体的存在可能会影响到小组目标的完成。这时候,社会工作者就需要巧妙地运用技巧和游戏,打散小团体,以达到所有组员互动的目的。

(五) 协助表达感受

在小组活动进行的过程中,社会工作者应协助小组成员经常性地表达感受。社会工作者可以在每次活动结束的时候,邀请小组成员总结本次活动的收获,提出对于下次活动的希望;经常性地给予组员表达感受的机会,有利于下一阶段活动的开展,也有利于组员情感的表达,促进小组目标的实现。

第七章

养老机构社区社会工作

虽然养老机构的入住老年人大部分时间居住在养老机构中，但养老机构确实存在于社区，所以严格来说这些老年人也是社区的一分子。但由于身体健康和管理的问题，在机构入住的老年人往往不能经常性地和社区居民互动，也不能和社区居民一样参与到社区日常事务中。然而，这些老年人也有社会参与的权利和需求，为此养老机构的社会工作者有必要为入住老年人创造机会、提供条件，促进其社会参与，满足其自我实现的愿望。本章将介绍养老机构社区社会工作的目标、原则、实施模式以及活动策划技巧。

第一节　养老机构社区社会工作概述

一、养老机构社区社会工作的定义和性质

(一) 养老机构社区社会工作的定义

养老机构社区社会工作是指养老机构社会工作者在社会工作的价值理念指导下,运用各种专业的社区工作方法,促进机构内的老年人与社区及其社区居民的联系,提高老年人的自助、互助能力,加强养老机构老年人对于社区资源的利用,为老年人的社区参与、社区教育、文化娱乐制造机会,进而改善他们的生活质量的一种服务活动和服务过程。

(二) 养老机构社区社会工作的性质

从以上关于养老机构社区工作的定义,我们还可以得出以下几点有关养老机构社区社会工作的基本性质。

(1) 养老机构社区社会工作是一种专业的工作方法,是社会工作专业理念支持下的专业服务,服务提供者受过专业的社会工作训练。

(2) 养老机构社区社会工作突出了社会工作的尊重、接纳、平等的基本理念,提倡老年人的社会参与、自助、互助等价值取向。

(3) 养老机构社区社会工作是一种服务,社区社会工作的开展基于需求和参与的价值取向,而非传统行政力量安排的事务性工作。

二、养老机构社区社会工作的目标

罗思曼(J. Rothman)曾将社区社会工作的目标归纳为任务目标与过程目标两大类。任务目标就是解决一些特定的问题,包括完成一些具体的任务,达到一些社会福利的目标,满足社区的需求等方面,这些目标是具体而清晰的。过程目标是指促进社区人员的一般能力,包括建立社区

内不同群体的合作关系，发展及培养社区领袖参与社区事务的能力，加强其对公共事物的了解，以增强解决问题的能力、信心和技巧等方面①。

根据罗思曼的两大类社区社会工作目标以及养老机构内的老年人的需求，养老机构社区社会工作的目标可概括为以下几个方面，其中第一、第二项为任务目标，第三至第五项为过程目标。

(1) 通过邀请机构入住老年人的家属、社区居民、志愿者团队等组织各类活动，确保入住老年人与外界保持联系，降低其对社会的疏离感，增进入住老年人对社区的归属感。

(2) 积极动员入住老年人一起参与活动的组织与策划，改善机构老年人与周边社区居民的关系，促进他们通过积极的自助和互助解决自己的问题，满足需求。

(3) 通过社会参与，让入住老年人发挥自己的作用、提升自己的能力，进而改变其“老年无用论”的意识。

(4) 帮助入住老年人完善及维护社会支持网络，争取及巩固他们的权益，善用社区和机构资源，改善生活环境，提高生活质量。

(5) 通过动员社区居民参与养老机构的志愿活动，创造与老年人更多的接触机会，从而使其认识老年人、理解老年人、善待老年人，改变对老年人的负面认识，消除对老年人的歧视，树立更为健康的社会老年人观。

三、养老机构社区社会工作的原则

社会工作的开展除了客观环境的影响之外，策划和实施方案的社会工作者的主观意识、价值观等也起着决定性的主导作用，所以对于社会工作者来说，在提供服务的过程中必须遵从相关的工作原则。养老机构社区社会工作的原则一般来说具体包括以下几个方面。

---

① 仝利民：《老年社会工作》，华东理工大学出版社，2008，第 232 页。

（1）以入住老年人为中心的服务目标。养老机构社区社会工作的核心服务对象是入住老年人，所以我们在设计、实施服务方案时须以其真实需求为基础，以其能力与资源为支撑进行展开。

（2）注重老年人的转变。养老机构的入住老年人由于年龄、健康程度等因素的影响可能一时难以适应养老机构的生活状态，因此需要社会工作者不时地予以适当的支持和鼓励，以增强他们的动力和积极性，从而使其逐渐转变。

（3）客观地看待入住老年人。深入了解老年人的兴趣和能力，以及尽可能多地找出他们的优缺点，为其策划符合其本人需求与能力的服务，创造适合其本人发展的机会。

（4）给予入住老年人更多的亲身参与的机会。相信每位老年人有终身学习的需求，能通过自己的潜能去发展。同时，也可使老年人通过亲身参与而充分意识到自身的优势和潜能，更积极地面对在机构的养老生活。

（5）要与老年人建立起互相支持、互相信任的专业关系。

（6）以养老机构为中心建立良好的社区关系，挖掘更多的社区资源。

第二节　养老机构社区社会工作的基本模式与过程

一、养老机构社区社会工作的基本模式

一般来说，养老机构社区社会工作主要有两个层面：一是完善机构入住老年人的社区支持网络，二是丰富入住老年人的文化、精神生活。两者的出发点皆是改善入住老年人在养老机构内的生活质量，提高其生活水平。因此，从这个角度来讲的话，养老机构社区社会工作的基本模式是社区组织和社区教育。

（一）社区组织模式

在社会工作研究中，社区工作、社区发展与社区组织经常被当作内涵相似的概念互换使用。[①] 事实上，在开展社区工作过程中，社区组织不仅被理解为“组织”，还被认同为“方法”，在整合社区资源、促进社区居民之间相互了解等方面作用突出。

在养老机构中作为“组织”的较为常见且较受欢迎的社区组织，能够为养老机构中的老年人提供信息、服务、社会及心理支持，以及分享问题的解决方法等。养老机构社会工作者需要知道各种有效的自助组织模式，以便在必要时通过扮演发起人、咨询者、中介者、评估者等角色，帮助老年人及其家属和养老护理员建立慢病管理自助组织、家属照护者联谊会、养老护理员解压会等自助组织。

同时，养老机构社会工作者还可运用社区组织模式动员和组织养老机构周边的社区居民，为养老机构的入住老年人提供信息、服务和支持。其发展阶段一般分为以下几个部分。

（1）孕育期。在该阶段养老机构社会工作者作为组织者引导社区居民关注入住老年人的问题和需求，并对此让居民形成共同的意识和价值理念，然后在此基础上建立雏形组织。

（2）发展期。在该阶段要做的是确立组织的未来动向，并确定发展方向和长远目标以及组织架构。在发展期社工可以做这几件事：第一，加强对于组织成员的培训，使其能成为独当一面的成员；第二，随着组织成员参与度的提高、独立能力的增强，社工的重点工作从动员居民直接提供服务转为培训社区居民推进、拓宽服务形式和内容；第三，社工要开拓组织与其他组织的关系，确保组织能获得社会其他人士和组织的认同，设法与其他组织建立关系网络，获取额外的资源，进一步为入住机构的老年

① 夏建中：《社区工作》，中国人民大学出版社，2010，第 228 页。

人提供更好的服务。

(3) 成熟期。经过发展期的磨炼和培训后，社区组织逐渐迈向成熟期。发展期和成熟期的最重要分水岭是组织的正式独立和登记注册。在组织目标和架构方面，成熟期的组织能够清楚列出目标和架构。在能力上，成熟期的组织成员能够掌握组织运作的技巧以及动员居民参与的能力。在资源上，成熟期的组织有明确的安排，能够获得较为稳定的财政和资源上的支持。组织成熟期的社工，不应该再是一线的服务者，而应该"退居幕后"，扮演"顾问"角色，协助组织建立起更为健全的外界关系网络。

(4) 重整期。在组织运作了一段时间后，随着社会环境的变迁和人事的改变，社区组织都需要重新调整角色，并对组织目的和功能进行再评估。在这一阶段，居民组织都可能面临新的挑战，如领袖和成员的流失、组织运作的僵化、竞争组织的出现、培养继任者困难、缺乏组织资源等。面对这些问题，社区组织必须思索未来的发展方向，具体而言可考虑下列几个方向：第一，维持原有的目标、架构运作和服务内容；第二，重新调整步伐和目标，以适应新的形势；第三，组织完成使命，终止组织的运作。

(二) 社区教育模式[①]

对于在养老机构内入住的老年人而言，日常生活中的大部分问题，如保持身心健康、预防疾病、防止摔倒、防止受虐待等都可以通过教育以具备应对的能力而有效地解决。针对入住老年人社区教育的目标包括促进老年人的机构调适，协助老年人的再学习、再社会化、自我价值的实现等，培养老年人的生活情趣，如陶冶老年人的身心、扩充老年人的生活领域等；其内容包括老年人的基本教育、老年人专业知识教育、老年人身心保健教育、老年人休闲生活教育、老年人生活能力教育等。

---

① 仝利民：《老年社会工作》，华东理工大学出版社，2008，第 237—238 页。

一般而言，社工要负责以下三个方面的内容：第一，策划及推行社区教育活动，包括活动的设计、宣传，教育项目展览，社区训练、服务等；第二，举行讲座，包括老年人的需求，老年期的变化及特征，老年人的生理、心理及精神健康，老年人的社会生活技能训练，与老年人沟通及相处的技巧，老年人护理照料的方法和技巧等；第三，志愿者的动员、发展及培训，汇集更多的资源开展老年社区教育。

二、养老机构社区社会工作的基本过程

其实，在实际工作开展过程中，根据老年人多样的需求以及各类模式的特点，一般不会仅仅使用一种模式，往往是多种模式混合使用。无论选用何种模式，养老机构社区工作一般都会有以下基本过程：

(1) 问题的界定。一般来讲，养老机构内的老年人面对的主要问题有机构生活的适应、人际关系、身心健康、日常生活照料、权益维护、休闲娱乐、安全管理等。但这些问题的表象却是纷繁复杂的，养老机构社会工作者首先要做的是从表象中分析原因，揭露现象背后的问题。这就要求社工通过沟通、探访等方式深入了解老年人的真实需求，并对以养老机构为中心的社区内的资源状况进行有效的评估。

(2) 建立组织。这里说的组织可以是注册的正式组织，也可以是具体活动性质的机构内未注册的非正式组织；在组织的建立过程中，可以明确组织类型，决定社工与组织成员之间的关系形态，选择不同角色的成员，如专家、沟通者或影响者。

(3) 形成组织计划。有计划地开展工作是组织具有可持续生命力的基础，这就要求组织在分析现有政策和资源的基础上，通过组织成员的研究形成可行、恰当、可持续的组织计划，使得未来组织能在计划的框架内开展工作。

(4) 执行计划。组织要合理地配置人力及各项资源，根据既定计划

开展各项活动。当然，计划并非一成不变的，在执行过程中，因时、因地、因境地对计划进行适当的调整，也是执行计划的一部分。

(5) 监督。对计划的执行过程进行监督，对明显违背组织使命的行为进行纠正。

(6) 评估。对工作的执行状况进行评估和回馈，依评估的情况对计划进行调整或者制订新的计划。

第三节　养老机构社区大型活动的策划

基于养老机构入住老年人的年龄、身体情况等因素，养老机构社区社会工作的服务提供最终大多数以大型活动的开展得以实现。因此，对于养老机构社会工作者来说，了解和掌握养老机构中以入住老年人及其家属和周边社区居民为主的活动策划技巧尤为重要。一般适合在养老机构举办的社区大型活动主要是节庆活动、文体活动、趣味活动等。同时，为了顺利开展和评估社区大型活动，社工应该制订社区大型活动计划表，明确活动目标、服务对象、活动安排及物资准备等内容(见表 7－1)，活动结束后社工也应该总结和反思活动的成效，以便今后的改进(见表 7－2)。

表 7－1　社区大型活动计划表

活动名称		活动形式		档案编号	
活动地点		活动时间		社会工作者	
活动背景					

续　表

活动目标	
服务对象	
活动内容及安排	（具体方案可附后）
物资与资金	
困难与解决办法	

督导意见：

督导签名：
年　　月　　日

安排。周年庆活动如果重在表彰员工、增强机构内部的凝聚力，就适合召开员工庆功表彰大会；如果期望加强机构与周边社区的交流、互相增进了解、改变社区居民对机构的刻板印象，那么举办回顾展览、向公众开放参观、组织联欢会等活动更为合适。

节庆活动的内容和形式是多种多样的，既可以从民族传统文化中吸取养分，也可以借鉴国外成功节庆的经验，只要节庆活动的策划者能够围绕主题精心设计、大胆创意、不断创新，一定可以推出出色的节庆活动。

3. 合理安排节庆活动流程

在确定了节庆活动的主题、内容和形式之后，社会工作者要想使活动有条不紊，就要合理安排节庆活动的流程。节庆活动无论大小，都需要明确进行的先后次序。节庆活动一般分为如下步骤。

（1）安排专门的主持人宣布活动开始，一般负责这项工作的是机构的负责人，也可以邀请知名人士或其他人士充当主持人。

（2）介绍重要来宾，由机构负责人讲话，由领导及重要来宾致简短贺词或讲话。

（3）有些活动需要安排剪彩和开放参观活动及来宾留言题词或颁奖等事宜。

（4）组织一些制造气氛和促进理解的活动，举行盛大的庆祝活动和娱乐活动。

（5）组织宴会、便餐、座谈会，参观机构及馈赠礼品等。

（6）进行新闻及传媒报道，扩大节庆活动的社会传播面和影响面。

（7）活动结束时不可虎头蛇尾，做好来宾的送别和其他善后工作。

上述只是节庆活动的一个基本流程，实际生活中的节庆活动越来越复杂多样。节庆活动一般有相对固定的流程，但在具体安排节庆活动流程时，社会工作者不必过于拘泥，可以根据节庆活动的整体方案加以调整，使节庆活动成为一个融会贯通的整体。

4. 拟定邀请来宾名单及各项工作负责人名单

一般来说，规模较大的节庆活动应邀请与机构有关的上级部门相关负责人、知名人士、社区代表、机构内部员工以及新闻记者等人员参加，所以拟定邀请参加节庆活动人员的名单必不可少。同时，举办规模较大的节庆活动，机构内各部门相关人员需要密切配合，共同完成繁重的任务，所以要提前确定司仪人员，将有关活动内容及任务落实到人，尤其是后勤工作和组织工作一定要有专人负责，如签到、接待、摄影、录像、音响、现场布置等。更为重要的是，社会工作者要安排照护者在当日参加活动的入住老年人的身边进行照护。

5. 对节庆活动做细致的准备工作

一个节庆活动的成功要照顾到各个环节，任何一点细微的差错都可能引起全局的失败。所以社会工作者在节庆策划过程中，切不可忽视细节，环境、照明、新闻媒体、来宾接待、签到、休息、座谈等都应充分照顾到。对节庆活动的准备最好由社工部牵头，各部门开会讨论，广泛听取各方面的意见，相关责任人和责任部门必须自始至终跟进、监督、检查、落实。

6. 制订应急措施

节庆活动的规模一般都比较盛大，在活动中随时都有可能发生意想不到的情况。所以，节庆活动的全部方案应留有余地，以便应付临时事件的发生，如参加活动的老年人体力不支需要提前回房休息、邀请的嘉宾不能按时到场等问题。

7. 进行费用预算和效果预测

当一个节庆活动的基本内容策划完毕，还应进行费用预算，根据经济能力适当增删计划，调整节庆活动的内容。节庆活动无论规模大小都应避免浪费，应该使人力、财力、物力发挥最佳效果。社工还应在节庆活动进行之前进行效果预测，并对既定方案做适当调整，有条件的还应进行一定范围的模拟演练。

（二）节庆活动策划技巧

1. 节庆活动的可持续性

很多人认为节庆就是一个仪式，其实真正有影响的节庆活动绝不仅仅是功在当时，它可以给人留下深刻的印象，并且产生深远的影响。因此从节庆策划的角度来看，社工要做长远打算是由举行节庆活动的目的、动机决定的，不能仅满足于将节庆活动搞得热闹非凡，而要实现节庆活动深层次的目的，以及与前文所述的主题的契合，实际问题的解决。节庆活动可持续发展的技巧就是设计连续性、周期性举办的节庆活动，为下一次节庆活动的举办埋下伏笔。

2. 节庆活动的人本理念

节庆活动策划要考虑到参与者的“感情”归属，以情动人，坚持以人为本的策划理念。首先，要消除节庆活动组织者与参与者之间的距离感，让节庆活动参与者感到自己就是节庆活动的主人。其次，节庆活动要设计一些人情味十足的活动，内容安排生动活泼，尽可能让参与者参与其中，不要过于死板。

3. 节庆活动的实质内容

节庆活动有时候容易被架空，徒有空洞的形式，无论对机构还是对老年人都不会留下什么印象，也不会产生更大的影响。节庆活动的组织者应该想方设法令节庆活动具体实在，这样才容易感染参与者。节庆活动的终极对象是人而非活动本身，所以活动策划更需要从参与者的实际需求出发，为参与者“量身定做”。

4. 节庆活动的出奇制胜

策划活动是一种智力竞技。策划者的具体任务是负责活动的创新与安排。节庆活动策划的生命力来源于创造，需要策划者运用创造性思维，大胆独创，凭借丰富的想象力以及对信息、环境、老年人的兴趣等的敏感捕捉，运用综合、灵活的方法策划出富有新意的节庆活动。节庆活动只有通过新鲜招数，抓住人们的好奇心理，才能刺激参与者的兴趣，实现节庆活动的深层意义。要使节庆活动具有新意，出奇制胜，需要策划者和组织者积极的参与、投入并做充分的准备。

除了以上的技巧之外，还有营造气氛、发放小礼品、提炼活动特色、运用新闻媒体造势等技巧。

二、文体活动策划

文体活动是指所有的文艺和体育性质的活动的总称。养老机构常常组织多种形式的文体活动，以实现丰富老年人的文化娱乐生活，促进健康干预、社会参与等目的。

（一）文体活动的分类

1. 文化艺术类

（1）视觉类：影视活动、文化艺术品展示活动、文艺表演活动等。

（2）触觉类：书法、绘画、插花等。

（3）听觉类：声乐、朗诵、相声、戏曲等。

（4）味觉类：饮食文化活动等。

（5）综合类：主题文艺活动，如春节文艺汇演、卡拉 OK 大赛等。

2. 体育运动类

（1）体能类：

① 节日类：划龙舟、舞龙、舞狮等。

② 非节日类：

a. 专业体育运动类：篮球、足球、乒乓球、游泳、跑步等。

b. 趣味体育运动类：拔河、跳绳等。

（2）益智类：魔方、拼图、棋牌、麻将、七巧板等。

3. 专项文体活动

（1）宣传教育活动

通过轻松活泼的形式，对员工加强职业道德等方面的教育，引导员工在遵守基本行为准则的基础上，追求更高尚的职业精神和更强职业能力；同时，通过专项文体活动对老年人加强健康意识的培养，促进自助互助理念的形成。宣传教育活动常见方式如下：

① 宣传栏、板报画廊、橱窗等形式的各种展示活动；

② 各种参观、观摩、学习等团建活动；

③ 各种行业及业务报告会、知识竞赛、书画比赛活动；

④ 以文化艺术体育比赛为主要形式的宣传教育活动。

（2）科学知识及文化普及活动

这类活动主要是为了提高机构员工对社会快速变化的适应能力，加快科技信息的传播与普及，了解国内外本行业的科技和管理发展最新态势，开阔视野，提升创新能力。科学知识及文化普及活动常见形式如下：

① 各种科技咨询服务活动；

② 有关照护和机构管理等科技文化的专题讲座、学术报告、座谈会、研讨会等；

③ 相关领域的知识普及学习班、培训班等。

（3）文艺演出活动

以文艺节目演出为主，适当穿插一些游戏综艺节目的文体活动形式。社工可根据机构的实际情况和大家的参与热情，有计划地组织一些文艺演出活动与文艺创作活动。

（4）兴趣爱好小组活动

组织机构员工和入住老年人根据各自的爱好组成各种兴趣小组，引导他们开展各种有益的活动。兴趣爱好小组采取自愿组织、自选内容、自定时间、自定规章的办法，最大限度地满足员工和老年人自娱、自乐、自教的要求。

（5）图书阅览与读书活动

有条件的养老机构可加强图书室、阅览室的建设，通过开展新书介绍、读书讲座、知识竞赛、读书征文、读书演讲等活动，本着“自愿参加、自学为主、自由组合、自选书目”的原则，倡导和促进机构员工及入住老年人的读书活动。

(6) 灵活多样的比赛活动

可组织机构员工开展照护技能大赛，以赛会友增进员工的相互了解，促进照护技能的提升。也可以组织身体健康状况良好的入住老年人开展多样性的体育比赛，激发其参加体育活动的兴趣，丰富其日常生活。

(二) 文体活动的组织

文体活动的组织一般经历筹备策划阶段、前期准备阶段、正式进行阶段、结尾总结阶段等过程。各阶段的注意事项如下。

1. 筹备策划阶段

(1) 确定活动的形式、内容与主题，保证活动形式生动活泼；

(2) 要量力而行，不搞花架子；

(3) 注重民主决策，多听取大家的意见。

2. 前期准备阶段

(1) 注重宣传动员，发送通知、张贴海报、广播宣传；

(2) 动员机构员工和入住老年人积极参与，充分准备；

(3) 发送邀请函，郑重邀请有关领导和有关部门人员参加；

(4) 精心布置活动场所，注重突出气氛；

(5) 认真组织和精心准备活动的内容，编制活动流程或节目单。

3. 正式进行阶段

(1) 活动的进行要有节奏感，过程跌宕起伏，酝酿好高潮；

(2) 时间安排不宜过长；

(3) 较隆重的活动要事先印好内容说明书，发放给参与者；

(4) 安排好主持人、主持词、串联词；

(5) 对于邀请的参与演出的社会专业团体或社区志愿者队伍，做好招待接送工作；

（6）现场安排安全防护人员，做好安全防护工作。

4. 结尾总结阶段

（1）在活动的高潮与结尾处注意安全，做好最后的场地清理工作；

（2）注意活动经验的总结，查找出不足，以便于以后更好地开展类似活动。

（三）文体活动策划的步骤和方法

1. 文体活动策划的步骤

当有一项文体活动需要策划时，有了策划活动的动机就要首先确定活动主题、定位方向，然后再考虑整个活动的具体内容。其基本流程如下：

（1）商讨并确定主题；

（2）拟写策划书，商讨并修改（确定活动时间、地点、项目等）；

（3）预算活动经费；

（4）落实活动经费或确定活动赞助；

（5）确定活动的主要参与人员；

（6）布置场地和舞台；

（7）彩排预演；

（8）联系新闻媒体；

（9）宣传推广；

（10）活动正式进行。

2. 文体活动策划的原则

（1）科学性原则

活动进行得是否顺利，社会工作者要科学地进行策划，考虑到各个方面。

（2）准确性原则

活动时间、地点、人物、事件等都要准确无误。

（3）安全性原则

文体活动开展过程中要注意参与者的安全。

（4）环保原则

文体活动要做到社会效益与经济效益、环境效益相统一，开展活动不能以破坏环境效益与生态和谐为代价。

（5）特色原则

文体活动要有自己的特色，这样才能让参与者意犹未尽、记忆犹新，愿意再次参与。因此，社会工作者策划活动前摸清机构员工和入住老年人等参与者的需求、找准主题是关键。

（6）优势原则

合理利用机构所处社区的人文或自然优势以及机构员工、入住老年人等参与者的自身优势来策划文体活动。

3. 文体活动策划要点

举办文艺表演活动，为的是放松机构员工的身心，缓解工作的压力，同时也是为了团结员工，鼓励他们今后能更好地工作；丰富入住老年人的日常机构生活，使其表现自身才能，因此要有好的策划来达到这些目的。

机构的这些文艺表演活动是非社会型的活动，属于机构自己组织的自娱自乐的活动，又有鼓励员工和老年人等参与者积极向上的目的，所以在活动中要添加阶段性评比和表彰，增设多个奖项，以此鼓励他们积极参与。

策划文体活动时要注意场合的选择：如果活动的开展放在室外，就要更多考虑自然环境，因为人与自然和谐相处才能得到更好的休闲、娱乐；如果在室内举办，就要更多考虑室内装修和室内氛围，包括色调、装饰风格、所放的音乐等，因为周围环境很容易影响人的性情。

另外，文体活动的游戏娱乐本质也是关键。要想吸引大家参与，就要策划有特色、有创意的文体活动，这就需要社会工作者结合参与者的需求设计独特方案了。

三、趣味活动策划

趣味活动是指集趣味、竞技、娱乐、健身于一体的群众性参与活动。趣味活动是将传统体育运动的竞技比赛和能引起人们兴趣的趣味活动融合形成的一项新兴运动，它是介于体育运动及趣味游戏之间的一项运动休闲项目，融合了体育、文化、趣味、智力、游戏等元素，具有很强的参与性、娱乐性、观赏性。

养老机构一般会在9月、10月份组织机构员工或入住老年人举办趣味运动会，即根据一定的参赛办法和比赛规则，在特定时间、地点、场合，按照一定的比赛流程进行的由一系列趣味运动组成的竞技性运动会。

（一）趣味运动会的意义

（1）运动会的形式新颖，富有吸引力和趣味性，操作难度不大，区别于传统的运动方式而易于让参与者接受。

（2）随着老年人需求的多样化，照护老年人需要团队合作，这就需要机构提高团队的凝聚力。而动员员工参与趣味运动会有助于达成团队融合的目的，并激发他们做正面、积极的心态调整。

（3）活动期间提供交流空间，有助于促进机构领导与员工、员工与员工、员工与入住老年人间的关系，并提高个体与群体之间的凝聚力。

（4）相对于其他文体活动来说，趣味运动会成本更低，能为机构节约较大的费用支出，而效果尤其是社会效果比其他文体活动更好。

（二）趣味运动会的组织

1. 拟定计划

计划就是方案，有的可以采用活动方案或策划书的形式。方案要尽可能详尽，必要时可附上附件。趣味运动会的计划主要包括如下内容：

（1）举办趣味运动会的目的和意义；

(2) 确定趣味运动会的理念和主题;

(3) 比赛日程及活动项目设置;

(4) 参加人员范围及组队形式;

(5) 组织领导机构;

(6) 确定竞赛规程、规则、录取名次和奖励办法;

(7) 确定裁判人员。

2. 组织工作

(1) 组织领导机构可由行政领导挂帅,组织各项竞赛的裁判负责人参加;

(2) 组织裁判队伍学习本次竞赛的规程和所用规则,统一裁判尺度;

(3) 采用书面通知或召开部门负责人会议的形式,动员机构员工或入住老年人参与竞赛活动,强调参与为主,淡化胜负意识。

3. 场地布置

(1) 整体气氛要热烈,服饰和道具均采取变形手法,营造轻松幽默的喜庆氛围;

(2) 布置好领奖台;

(3) 公布运动会成绩的大牌,一般放置在主席台一侧的高处,尽可能让所有观众看到;

(4) 运动场跑道四周可布置一圈色彩缤纷的广告,既可美化场地,又可调节气氛。

4. 竞赛实施

在严密组织的基础上,严格按照计划实施竞赛活动,在竞赛过程中最重要的是随时进行调控,使竞赛始终按计划进行并处于良性状态,同时还应注意参与者的安全问题。

5. 会后总结

竞赛结束以后,及时总结经验及教训。整理好与竞赛有关的文件(如竞赛记录、成绩报告单等），在全面总结的基础上撰写书面材料，以备交流、分析和存档。

（三）趣味运动会的方案

趣味运动会的方案一般包括以下几个方面。

1. 指导思想

在活动方案中，首要明确的是举办趣味运动会的目的是什么，具有什么意义和作用以及其指导思想是什么。

一般来说，趣味运动会的指导思想和目的主要是培养参与人员的团队意识、竞争意识，提高交流能力，丰富日常生活，激发学习兴趣和工作热情，鼓励实现自我，促进全面健康发展。

2. 活动主题

活动主题是趣味运动会活动方案的核心，主题策划的方法要结合活动的实际，经过深入的调查研究和自下而上的充分讨论来决定，而且每一届趣味运动会的主题不能简单重复，而应当有所侧重。

3. 组织领导

趣味运动会是一项群众性运动，光靠社工或社工部是不够的，有必要建立类似于趣味运动会组委会和领导小组的组织，由机构主要行政领导担任组委会主任或领导小组组长，组委会或领导小组下设办公室（项目班子），负责具体工作的落实。

4. 活动时间

趣味运动会的活动时间并不是"时间点"的概念，而是"时间段"的概念，包括什么时间报名、什么时间截止、什么时间开始、什么时间结束等，计时比赛项目尤其不能马虎。重要的时间进度计划（如开幕式）要求准确到分、秒。

5. 参加人员

趣味运动会，比的是兴趣爱好，一般来说参加的人数略多较好，但是如果报名人数过多，也可以设置一定的门槛，或者经过初赛阶段进行选拔。奖品应该人人有份，每个人都有机会得到奖励，这是吸引大家踊跃参与的良好手段。

6. 比赛项目

比赛项目是趣味运动会活动方案的主要内容，比如有哪些团体项目，有哪些个人项目；同时要考虑趣味运动的可行性，包括比赛道具、奖品的准备，比赛场地的布置，比赛裁判人员的确定等都要落到实处。

7. 参赛方法

事先告知比赛项目和报名须知，在活动方案中要列出报名条件，如性别要求、年龄要求、健康要求、人数要求、报名时间、截止时间、比赛时间等。参赛方法是主办方编写“参赛须知”或“参赛指南”的重要组成部分。

8. 比赛方法

告诉大家比赛准备、比赛方法、比赛规则、注意事项等方面的内容，要尽可能详尽地描述每一项趣味运动。考虑到时间、场地、人数、经费等方面的局限，趣味运动会比赛的项目不宜过多，一般以10项左右为宜：既有团体比赛项目，又有个人比赛项目；既可以事先组织准备，又可以现场随机组合。一些团体比赛项目也可以结合个人比赛计算个人成绩，以节省活动组织成本。比赛规则要客观、公正、透明、严密，对参赛者一视同仁，裁判要执法严明，经得起检验。

9. 奖励办法

必须根据活动预算和经费情况合理设定录取名次和奖励办法。经费预算本着“节约、高效”和“精神奖励为主，物质奖励为辅”的原则，在活动方案中通过附件的格式单列出来，供领导审批。

录取名次一般为：各单项比赛取前6名，按6、5、4、3、2、1计分，不足6名减1名录取；团体名次取前3名，按各队在所有项目所得名次累计积分排列，如总分相等，则将第 1 名多者列前，以此类推。奖励办法可以是实物也可以是奖金。

10. 注意事项

在任何活动中，安全都是第一位的，社会工作者应事先考虑安全防范等方面的应急方案，提出防范措施，并把安全防范措施落实到责任人，特别是入住老年人的趣味运动会现场要有志愿者或照护人员帮助维护良好秩序，医务人员要在现场看护，发生意外时应及时救治。

（四）趣味运动会的比赛项目

趣味运动会的形式多样，可以是水上，也可以是陆上；可以是运动类，也可以是益智类。但是对于养老机构里的入住老年人来说，一般陆上的竞争并不激烈的运动类活动和益智类活动比较适合他们参与。在此以老年人为对象介绍一些趣味运动以供参考，活动形式也可根据实际情况进行调整。

1. 轮椅短跑（个人）

在终点线位置有一条绳子，每条赛道末端绳子上悬挂一个气球和一支竹签，绳子高度可按参赛者坐轮椅的高度而做调整。游戏开始，每组的参赛者自行推轮椅由起点跑到终点，到达终点时，参赛者需用竹签刺破气球，完成后参赛者举手示意，裁判协助计时，以最短时间完成者获胜。沿途可增设路障，增加活动的趣味性。

2. 百发百中（个人）

裁判将 10 个保龄球瓶（或部分装水的可乐瓶）放置于参赛者面前 1 米处，每位参赛者于限定时间内用水枪射向保龄球瓶，射倒数目多者为胜。可使用不同颜色的保龄球瓶代表不同的分数，增加活动的趣味性。

3. 套圈（个人）

在参赛者前面距离 2 米处呈三角形放 5 排奖品，每人 5 个圈（直径 12 厘米），套时不能踩线，套中都有奖，现场发奖。

4. 羽毛球发球(个人)

参赛者站在发球线后,每人各发 5 个球。将球发到奖品区(见图 7-1),即获得该奖品,现场发奖。

参赛者	禁区	奖品 4	奖品 3	奖品 1
				奖品 2
		奖品 4	奖品 3	奖品 1

图 7-1 趣味羽毛球运动示意图

5. 背部夹球跑(男、女混合)

将排球或气球放于两人(一男一女)背部之间,两人为一组,用背部夹住排球或气球,共同前进 10 米(或 5 米)。比赛开始后,两人从起点向终点走去或跑去,最后所用时间最少的一组获胜。在行进过程中球不能落地,落地将被取消比赛资格(或重新从起点出发)。根据参赛者所用时间多少取前 8 名,并记入团体总分。若不足 8 组参加,递减 1 组录取名次。

6. 定点投篮(男子、女子组)

参赛者一分钟投篮,男子组投篮地点在罚球线,女子组投篮地点在罚球线前 1 米,踩线投中不算。按投中个数录取,若投中个数相同,名次并列。取前 8 名,并记入团体总分。若不足 8 人参加,递减 1 名录取名次。对于坐轮椅的老年人,可以用气球替代篮球,并自制篮筐放在合适的位置以供老年人投篮。

7. 智趣排球(团体)

把 10 位参赛者分为甲、乙两组,每组 5 人,分布在中间线的两边场地,每位参赛者均获气球一个。比赛开始后,双方用手将气球打到对方场地,甲组气球落在乙组场地内,乙组场地的参赛者可捡起气球,并将气球拍打到甲组场地内,反之亦然。2 分钟限时内,裁判计算每个场地内气球的总数,场地内气球数量少的一方获胜。拍球时可使用不同长度的球拍,以增加活动的趣味性。

8. 南水北调(团体)

每组参赛者(5 人)排成直线,每人手持水勺。第 1 位参赛者手持水勺从桶里舀水出来,将水勺内的水倒入下一个参赛者的水勺中,如此类推。最后一位参赛者将水倒入量杯内,在 2 分钟限时过后,以量杯盛水最多者为胜。

第八章

养老机构个案管理

随着医学技术的发达和生活水平的提高，人类的寿命得到了延长，人类社会也向着老龄化、高龄化的方向发展，这势必造成老年人的需求更趋多样性、广泛性及复杂性。面对这样的状况，个案管理的工作方法逐渐引起重视，先是在社区推广，进而在养老机构内实施。本章将简单介绍个案管理在养老机构的实践情况。

第一节　养老机构个案管理概述

一、个案管理的定义

20世纪70年代开始，美国的个案管理一直沿用对于精神病人出院后进行照顾的方法，经过30年的发展，现在已用于照顾需要长期护理的人。① 这是因为长期护理与个案管理在理念上有许多共同点。② 而养老机构内的老年人是长期照护的主要服务对象，所以在谈及现在的养老机构社会工作方法时不可不提个案管理。

关于个案管理的定义，不同的理论发展阶段各有说法。目前，个案管理泛指以案主为中心的一系列活动，包括计划、统筹，安排合适的以社区为本的服务给符合资格的案主，目的在于推动及协调各项服务的使用机会，并透过服务的整合使服务对象受益，以达到延续全面照顾的目标。③

从上述概念界定可以看出，个案管理与个案工作还是有比较大的区别的，两者的比较见表8-1。个案工作一般聚焦于案主的个别问题，而个案管理是通过一系列有逻辑的步骤，在服务网络中动用相关资源与案主互动的过程，以确保案主得到支持性、有效果、有效率且符合成本效益的所需服务。这种工作方法较为强调的是鼓励案主积极参与而非被动接受，因为个案管理整体的运作体系包含了案主体系；对于社会工作者来说，个案管理并非一种有时间限制的服务形态，而是一种持续不断的过程，社会工作者要尽可能及时和完整地提供案主所需的各项服务。

① 梅陈玉婵、齐铱、徐永德：《老年社会工作》，格致出版社、上海人民出版社，2011，第227页。
② 同上书，第228页。
③ 同上书，第226页。

表 8－1　个案工作与个案管理的比较[①]

比较项	个 案 工 作	个 案 管 理
案主	问题比较单纯的案主	多重、复杂问题的案主，或一家有两个以上案主
问题类型	单一资源可解决的问题	需多重资源解决的问题
问题性质	治疗性、矫治性	危机性、康复保健性、教育性
目标	协助案主解决问题	促成案主有能力使用资源
分析诊断	深入心理和社会层面	关注人与情景的实际情况
主要方法	一对一、面对面	评定、规划、协调、联结
工作角色	社会工作者即主要协助来源	社会工作者结合相关服务资源
案主参与	较为被动	重视案主改变的潜能
处置时间	较为短期	较为长期
记录格式	开放式或半结构式	具体、明确、详细、结构

二、养老机构个案管理工作者的角色

养老机构社会工作者在运用个案管理工作模式时，通常扮演以下几类角色。

（一）资源整合者和服务协调者

面对老年服务使用者所面临的服务信息缺乏、服务组织科层制的阻碍以及服务短缺的困扰，社会工作者着重管理和代表老年服务使用者，在辨别真实的需求的基础上，与服务机构内的各部门沟通、联络，整合所需资源并把服务送到那些有需要的老年人身边。

（二）咨询者

养老机构社会工作者为老年人或其家属提供各类有关信息的咨询并给予有益的建议。

---

① 仝利民：《老年社会工作》，华东理工大学出版社，2008，第 333 页。

（三）服务提供者

养老机构社会工作者在个案管理过程中除了与案主一起制订计划之外，也会遵循计划内容提供必要的社会工作服务，譬如对于入住老年人的精神慰藉、临终关怀以及其过世后社会工作者对于家属的哀伤辅导等。

（四）辩护者和倡导者

养老机构社会工作者积极地向当地政府主管部门游说和竭力主张，以便设立和扩大符合老年人需求的服务。

个案管理对于社会工作者来说是极具挑战的工作方法。它不仅要求社会工作者具备宏观与微观的社会工作知识与技巧，也要求社会工作者拥有一定的经济头脑，帮助案主管理款项，维持收支平衡，并购买最合理、有效的服务。由于老年人照护个案管理需要大量资源的投入，除了传统的融资方法之外，社会工作者还需要掌握挖掘非传统资源的方法；同时，基于老年人照护个案管理的长期性和复杂性，社会工作者也需要接受并运用科技产品来完成繁重的工作任务。

第二节　养老机构个案管理的过程及其内容

个案管理的基本流程和各个阶段的工作任务如表 8－2 所示，包括与案主建立关系、诊断和评估案主的问题和需求及其个人优势、制订服务计划、获取资源、整合资源及协调服务（计划执行）、监督与评估、结案等 7 个步骤，每个阶段都有明确的目标和工作要点。

养老机构中的个案管理过程与个案管理的基本过程是一样的，只是其服务对象为老年人。下面简单介绍在养老机构中个案管理工作的各个步骤及其工作任务。

表 8－2　个案管理的过程与内容[①]

步　骤	主 要 目 的	主 要 内 容
建立关系	个别化的介入，建立相互信赖的专业工作关系	接纳案主
		建立信任关系
		澄清角色
		协商
诊断与评估	协助案主确认人与环境互动方面的问题	寻找案主的长处
		协调资源与需求的平衡
		找出使用资源时的障碍
制订服务计划	针对问题、发展的目标制订个别化计划	确认目标
		确认关键性目标
		选择发展行动计划
获取资源	链接相关资源，形成资源网络	建立案主与资源连接的通道
		协商与倡导
		发展案主内在资源
		帮助克服障碍，提高使用资源能力
整合与协调	在资源与案主之间进行整合与协调	达成对目标的共识
		团队成员的组织与协调
		对目标的管理与控制
		其他资源的整合与协调
监督与评估	对成效进行监督和评估，作为修订参考	案主的需求满足度、满意度
		服务的效率与品质
		目标的完成
结案	以渐进的方式结束个案管理的关系	确认结案的信息
		进入程序化结案步骤
		决定持续的责任

① 仝利民：《老年社会工作》，华东理工大学出版社，2008，第 334—445 页。

一、建立关系阶段

在整个过程中，建立关系阶段首要确定的是案主的选择，这是个案管理的开始，不能寻找合适的案主往往是个案管理项目失败的源头。① 一般而言，个案管理服务对象的问题都不是单一的，而且这些问题也不是一段服务能够解决的。因此管理需要多个领域的专业服务长期介入。

在确定个案管理服务的老年人后，社会工作者就要与其建立有效的专业关系。在建立专业关系的过程中，社工应当运用社会工作的会谈技巧，与老年人进行充分的沟通，形成相互理解、相互信赖的关系，澄清各自的角色，通过协商明确各自担任的任务。

二、诊断与评估阶段

在对案主的初期评估阶段需要确认三个问题：

第一，案主认为自己需要解决的问题是什么？

第二，案主认为在解决问题的过程中，他可以用到的资源有哪些？

第三，案主在使用这些资源时遇到了哪些阻碍？

根据这三个问题，个案管理者需要确认服务的条件和成本，案主的能力(案主的优势和使用资源的内在和外在障碍)、需求和资源，界定评估个案进展的指标，为在最少限制的环境里制订、提供个别化的服务方案做准备。②

评估是个案管理者最重要的功能，只有好的评估才能设计出个人化的服务方案，来满足案主的需求。对于需要长期护理的个案，社会工作者需要从多层次、多元化的角度，采用标准化的评估工具(详见本书第九章)进行综合评估，使提供服务的各种专业人员可以互相沟通信息。

---

① 梅陈玉婵、齐铱、徐永德：《老年社会工作》，格致出版社、上海人民出版社，2011，第 230 页。

② 仝利民：《老年社会工作》，华东理工大学出版社，2008，第 337 页。

为使老年个案管理避免以医学或精神病理学的假设来看待案主，个案管理者在评估案主时从优势视角出发，可遵循以下几点原则：[①]

(1) 评估的重心应放在个人的优点而非病理上；

(2) 个案管理者与老年案主的关系是相互信任、理解的专业关系；

(3) 介入时必须以老年案主自决为前提；

(4) 将以养老机构为中心的社区看作蕴藏各项资源的重要场所；

(5) 个案管理者应持积极拓展的态度；

(6) 老年人是可以学习、成长与改变的。

三、制订服务计划阶段

通过初期的诊断与评估，了解了老年人的问题、需求、资源后就需要为案主制订服务计划。个案管理的服务计划是一种"包裹式"的一揽子服务计划，是一套能够为案主提供完整服务的可行性计划，包括治疗计划、康复计划及服务、照顾计划等。[②] 面对如此复杂的服务计划，个案管理者要协同案主共同设定明确的目标，继而共同确定服务目标的先后次序，然后设计服务策略，决定服务的提供者。

在计划制订过程中，个案管理者要注意以下几个问题：第一，充分掌握各种可用服务的品质和价格信息；第二，资源的取得应该富有弹性；第三，明确各部门间的财务责任配置与连接[③]；第四，切忌个案管理者独自行动或与案主及服务提供者单独策划。[④] 个案管理服务是涉及多领域、跨学科的一个长期过程，而且随着案主状况的变化，其需求也有可能随时改变，因此制订的计划必须是有效可行的方法并能使所有参与者参与进来，为此制订计划必须是所有参与者共同承担的行动议程。个案管理计

① 范明林、张钟汝：《老年社会工作》，上海大学出版社，2010，第 153 页。

② 仝利民：《老年社会工作》，华东理工大学出版社，2008，第 337 页。

③ 同上书，第 337 页。

④ 梅陈玉婵、齐铱、徐永德：《老年社会工作》，格致出版社、上海人民出版社，2011，第 231 页。

划的具体内容包括但不限于需求的范围、有作用的目标、服务目的、执行活动和执行人物、时间表和期望的转变等。

四、执行计划阶段

计划的执行是一个服务提供的过程，也是一个协调、干预和治疗的过程。在这个阶段，养老机构个案管理者的角色是资源整合者，服务协调者、提供者和倡导者。因为个案管理整体的运作涉及案主、资源、改变代理、运作和目的等多个体系，这就免不了将个案管理者作为核心人物为案主整合资源、协调关系和提供服务，并代为老年人及其家属与老年人服务、健康医疗、司法体系，甚至自身入住的养老机构等部门密切联系，倡导对其权利的保障。

在资源的协调和计划的实施过程中，需要注意以下几个方面①：

(1) 加强承诺：要求老年人不断考虑计划实施后可以获得的实际利益，这项工作是要增强老年人的动机，鼓励其积极参与计划的实施。

(2) 计划实施的任务：帮助老年人实施计划，如让老年人决定何时、何地由谁来做什么工作等。必要的时候，个案管理者必须协助老年人探讨实现计划的其他不同途径。

(3) 分析存在的障碍：要求老年人考虑计划执行过程中可能遭遇的问题。这个步骤可以协助老年人呈现并澄清其疑虑，让老年人以更加实际的态度去面对问题。但值得注意的是，在分析存在的障碍后，个案管理者需要继续积极地支持老年人，为的是让老年人拥有充分的信心来实施计划。

(4) 训练和演练：主要是训练老年人在实施计划过程中，面对服务提供者所询问的问题、必须配合的工作、面对不同服务情境的应对态度等。

(5) 总结：摘要并总结老年人应该配合的事项。

① 仝利民：《老年社会工作》，华东理工大学出版社，2008，第 358 页。

五、监督与评估阶段

个案管理者需要在整个计划的实施过程中，监督服务资源的协调、计划的执行情况和老年人的改变、问题的缓和、需求的满足状况等。但是服务开展的过程也是变化的过程，一个问题解决、一个需求满足的同时，可能会产生其他的问题和需求，因此早期确定的服务目标与执行方法都有可能不再适用，有可能需要确定时间表，对整体目标进行再评估，对服务做监督。一般这种工作可以在三到六个月进行一次。监督与评估必须掌握得宜，才能使服务既能满足案主的需求，又能避免其依赖性，更可发挥其剩余功能的主导性。监督服务必须考虑到所付出的努力、合适性、质量和效果，各方面都是同等重要的，不能以偏概全。为了鼓励和倡导案主及其家属发挥自主性，他们可以承担一部分监督工作。

除了过程评估之外，我们还应做好结果评估和成本评估。结果评估是指老年人对问题的解决程度、需求的满足程度、服务的效果及满意度、服务的品质、目标的完成等内容进行评估。成本评估是评估服务的成本和效率，其理想状态是以最低的成本达到最佳的服务效果，是个案管理所强调的成本控制的需要。

六、结案阶段

经过评估，确认案主已具备了运用资源网络的能力，可以不依靠个案管理者就能够达到独立、自助的状况时，社会工作者可以和案主共同决定逐渐地进入结案阶段。但养老机构中的老年人具有特殊性，有些问题可能是终生无法解决的，因此个案管理的过程很可能是一直延续下去的，除非出现以下三种可能：一是案主的生命终结；二是案主另外找寻服务造成转介；三是在资源紧缩的情况下，项目必须重新厘定服务的优先次序，因而使部分接受服务的案主及其家属不能继续接受服务。

第九章

入住评估

入住评估是养老机构接收老年人入院的必备工作环节，是为了维护和保障老年人更好地接受养老服务的重要一步，也是社会工作者为机构内老年人提供一切专业服务的准备阶段。针对入住老年人的评估工作需要社会工作者的参与。在养老机构社会工作服务实务工作中，专业的社会工作者需要利用专业知识对提出入住要求的老年人进行前期评估工作，从而更加科学地、准确地了解老年人的信息和资料，完善入住流程，促使养老机构服务工作的顺利开展。

第一节　入住老年人的特点

养老机构社会工作者要为机构老年人提供服务，首先需要了解老年人，尤其是了解机构老年人所具备的特点是什么，这样才能更加准确地把握入住老年人的问题。

一、入住老年人的一般特点

（一）老化程度较高

入住机构的老年人年龄普遍较高。随着年龄的增长、生理机能的退化和各种老年疾病的发生，有些入住老年人会有行动不便、生活难以自理等问题，需要长期的护理、照料，这也使得这些老年人难以融入集体生活。生理上的问题可能会给老年人心理上造成不良影响，老年人极有可能产生消极的念头或者对死亡的恐惧等。同样地，社会适应能力的退化也会给老年人心理造成创伤，反过来又会影响到老年人的身体健康，从而会更加削弱老年人的社交意愿。因此，生理、心理和社会适应能力这三方面的问题互相影响，形成恶性循环。

（二）社会角色丧失

养老机构与传统的家庭养老不同的是，由于其空间的封闭性，老年人的活动区域和范围大大缩小，他们的社交活动也变得较为单一。与原有的生活环境相比，家庭角色、朋辈角色发生了一定程度的改变，这些老年人不再是照顾子孙辈的有行动能力的祖辈，也失去了原来熟悉的生活环境中的朋辈社区邻里，原有的社会关系网络被隔断，社会角色也逐渐丧失。

（三）机构适应困难

老年人在刚入住机构时会出现不适应症状，主要原因有：

(1) 老年人对养老机构存在认知偏见,从而产生心理和行为上的排斥与抗拒;

(2) 老年人对于新环境较难适应,不愿表达自己的意愿和真实想法,可能会感到压抑和自我退缩;

(3) 老年人为了重拾自己在机构外的社会地位和社会角色,可能会故意向机构工作者或其他入住老年人挑衅,以突出自己的存在。

入住老年人的适应问题主要表现在对生活环境的不适应、对日常生活安排的无头绪、消极心理、人际关系的不适应以及对家庭关系变化的不适应等。

二、入住老年人可能存在的问题

由于受到自身身体的变化、家庭矛盾、居住环境的改变、人际关系出现危机等诸多因素的影响,入住老年人在机构内可能会遇到生理、心理及社会交往等方面的问题,这些问题之间又有可能相互影响,从而给老年人造成更大伤害。因此,社会工作者需要对入住老年人可能出现的各种问题做全面的分析与了解。

(一) 生理问题

机构内的老年人由于年龄偏高,会出现生理上的各种疾病或生理障碍,如阿尔茨海默病、老年慢性病、老年重症疾病或者肢体障碍等,需要在机构内接受长期护理与日常照料服务。

(二) 心理问题

随着身体机能的老化,入住老年人的心理也变得较为敏感和脆弱,可能会出现焦虑、无助、抑郁、自卑、悲观等不良情绪。这些不良情绪会对老年人的心理健康和身体健康产生影响。对于出现心理与情绪困扰的老年人,社会工作者需要更多地关注他们的心理和精神问题。

(三) 认知问题

一些老年人可能是出于非自愿的原因而入住到养老机构的。受到传统养老观念的影响，部分老年人会认为“被送到养老院，自己的子女是不孝顺的，自己也很没有面子”，这一错误认知，极有可能会对其院内生活带来心理和行为上的不良影响。

（四）社会隔离问题

社会隔离是机构养老难以回避并且无法根治的问题。养老机构服务对象的特殊化和机构空间管理的封闭性，必然会使得入住老年人与外界的联系与交往活动减少，从而造成社会隔离。社会隔离会使得老年人的自我存在感低，也会给其心理造成一定影响。因此，养老机构社会工作服务需要开展一些活动，增强院内外的联结，减少外部隔离对老年人产生的影响。

（五）经济问题

养老机构一般具有公益性、福利性的社会性质，部分养老机构会无偿或低偿地接收老年人，其中包括城乡低保老年人、农村“三无”老年人、孤寡老年人、失独老年人、失能老年人、失智老年人等老年群体。因此，院内社会工作者需要通过链接资源，为老年人提供经济援助。

（六）其他问题

此外，养老机构的老年人还会存在其他的问题，如权益维护问题、休闲娱乐问题、老年教育问题、社会保障问题等。

第二节　入住评估服务

社会工作者在入住评估阶段扮演着评估者的角色，需要协助养老机构做好入住老年人的各项评估工作，建立入住老年人个人档案，便于提供针对性的服务。在老年人入住之前，社会工作者针对老年人及其家属的需求进行分析和评估，详细了解老年人的身心健康状况和需求等，要明确所在养老机构是否能够满足老年人的需求，从而确定老年人是否可以入住养老机构。为此，社会工作者需要了解申请入住老年人的基本信息资料，并对各种能力进行评估。

一、背景资料

社会工作者需要协助所在养老机构做好老年人入住前的调查工作，包括老年人的个人基本信息、身体健康状况、有无疾病史、用药记录、日常生活习惯、特殊照护记录、社会交往关系等信息资料的收集，并填写相关入住评估记录表。

（一）老年人基本信息

姓　名		性　别	
曾用名（小名）		民　族	
出生年月日		曾从事职业	
文化程度		政治面貌	
身份证号码			
社保卡号			
籍　贯			
婚姻状况	□未婚　□已婚　□离异　□丧偶		
户籍地	省　市　区/县 街道　楼　门　号		
居住地址	省　市　区/县 街道　楼　门　号		
固定电话		联系方式	
宗教信仰	□无　□佛教　□道教　□基督教　□天主教 □伊斯兰教　□其他		
经济主要来源	□退休金/养老金　□子女补贴　□亲友资助　□政府救助/补贴 （档案号：＿＿＿＿＿＿） □其他补贴　□其他收入		

续　表

居住状况	□独居　□与配偶共住　□与子女共住　□与其他亲属共住 □与朋友共住　□与其他人共住		
住房类型	□产权房　□租赁房　□私房　□养老机构　□其他住宅		
日常照料	老年人的日常生活是否有人照料(包括患病时)? □是　□否 如选择“是”,谁提供照料? □子女　□配偶　□亲友　□邻居　□其他		
医疗费用支付方式	□城镇职工基本医疗保险　□城镇居民基本医疗保险 □新型农村合作医疗　□贫困救助　□商业医疗保险　□全公费 □全自费　□其他		
监护人姓名		与老年人关系	
监护人住址	省　　市　　区/县 街道　　楼　　门　　号		
住宅电话		移动电话	

老年人家庭成员信息

姓名	年龄	性别	与老年人关系	同住与否	联系方式	备注

（二）老年人生理现状

序号	症　状	无	1～2次/周	≥3次/周	持续状态
1	头痛				
2	头晕				
3	耳痛				
4	耳鸣				
5	胸闷、气短				
6	胸痛				
7	浑身无力				

续 表

序号	症 状	无	1～2 次/周	≥3 次/周	持续状态
8	心慌				
9	口苦、没食欲				
10	胃痛				
11	腹胀				
12	便秘				
13	失眠				
14	多梦				
15	关节痛				
16	大便失禁				
17	尿失禁				
其他生理症状(请详细罗列)					
18					
19					
20					
21					
22					
23					
24					
25					

（三）老年人疾病史调查

疾 病	确诊日期	确诊医院	痊 愈	病情稳定	病情不稳定
□高血压					
□脑梗死					

续　表

疾　　病	确诊日期	确诊医院	痊　愈	病情稳定	病情不稳定
□心脏病					
□白内障					
□青光眼					
□脑出血					
□失明					
□耳聋					
□动脉硬化症					
□高脂血症					
□脑卒中后遗症					
□阿尔茨海默病					
□冠心病					
□哮喘					
□慢性支气管炎					
□慢性阻塞性肺疾病					
□糖尿病					
□胃溃疡					
□十二指肠溃疡					
□慢性胃炎					
□慢性肝炎					
□肾病					
□痛风					
□慢性关节痛					
□退变性关节病					
□骨折					
□精神疾病					
□帕金森病					

续 表

疾　　病	确诊日期	确诊医院	痊　愈	病情稳定	病情不稳定
□恶性肿瘤					
□肺气肿					
□骨质疏松症					
□瘙痒症					
□颈椎病					
□前列腺增生肥大					
□胆囊疾病					
□压疮	□一级　□二级　□三级　□四级				
□跌倒	近一年内共发生________次 是否导致伤害：□骨折　□软组织挫伤				
□手术史					
□其他					

（四）老年人日常用药情况

有无药物过敏史：□有（请详列）________________________

□无

日常用药记录：

序号	药　名	用药剂量	给药途径	给药时间	备　　注

（五）日常生活习惯

<table>
<tr><td rowspan="3">吸烟史</td><td colspan="4">□有：______支/日______×年；______次/日；
______日/次</td></tr>
<tr><td colspan="4">□已戒烟______年</td></tr>
<tr><td colspan="4">□无</td></tr>
<tr><td rowspan="3">饮酒史</td><td colspan="4">□无　□有：□戒酒　□未戒酒</td></tr>
<tr><td colspan="4">饮酒次数：______次/周　　饮酒量：______毫升/次</td></tr>
<tr><td colspan="4">饮酒种类：□白酒　　□葡萄酒　　□啤酒　　□黄酒</td></tr>
<tr><td rowspan="7">饮食习惯</td><td>食物过敏史</td><td colspan="3">□无　□有(请注明：______)</td></tr>
<tr><td rowspan="4">日常饮食</td><td colspan="3">日餐次数：______次/日</td></tr>
<tr><td colspan="3">主食摄入量：______克/日</td></tr>
<tr><td colspan="3">喜欢的食物：</td></tr>
<tr><td colspan="3">不喜欢的食物：</td></tr>
<tr><td>禁忌食物</td><td colspan="3"></td></tr>
<tr><td>治疗饮食</td><td colspan="3">□低盐　□低糖　□少油　□低蛋白
□其他：______</td></tr>
<tr><td rowspan="3">睡眠习惯</td><td>午睡</td><td colspan="3">□无　□偶尔　□经常　______小时/天</td></tr>
<tr><td>入睡时间</td><td></td><td>起床时间</td><td></td></tr>
<tr><td>每天睡眠时间</td><td colspan="3">______小时/天</td></tr>
<tr><td rowspan="4">卫生习惯</td><td rowspan="2">口腔卫生</td><td colspan="3">刷牙：□早饭前　□早饭后　□午饭后
□午睡后　□晚饭后</td></tr>
<tr><td colspan="3">饭后漱口：□经常　□不经常</td></tr>
<tr><td rowspan="2">洗澡</td><td colspan="3">春季：______次/周　夏季：______次/周
秋季：______次/周　冬季：______次/周</td></tr>
<tr><td colspan="3">不洗澡原因：
□不习惯　□无条件　□行动不便</td></tr>
<tr><td rowspan="3">活动方式</td><td rowspan="3">行动状态</td><td colspan="3">□自由行动</td></tr>
<tr><td colspan="3">□借助工具：□手杖　□助行器　□轮椅</td></tr>
<tr><td colspan="3">□卧床：□完全卧床　□大部分时间卧床</td></tr>
</table>

（六）特殊照护项目

□鼻饲 □吸氧 □腹膜透析 □器官造瘘 □胃造瘘 □直肠造瘘 □机械辅助通气 □留置导尿 其他(请注明:______________________)

（七）老年人社会交往状况

与邻居的交往状况	□来往密切	□来往一般	□不来往
与社区其他居民的交往状况	□来往密切	□来往一般	□不来往
与家人及亲友的交往状况	□来往密切	□来往一般	□不来往
参加社区活动情况	□经常参加	□偶尔参加	□从不参加

（八）近一年来的生活事件对老年人情绪的影响

序号	事　件	无此事件	对老年人情绪的影响		
			无	有	很严重
1	老年人自身出现重大疾病				
2	子女病重				
3	子女去世				
4	父母去世				
5	搬家及照顾者变动				
6	与邻居不和				
7	与子女不和				
8	子女生活受到重大挫折				
9	好友去世				
10	经济困难				
11	财产发生重大损失				
12	法律纠纷				
13	其他				

二、社会支持网络评估

良好的社会支持有利于老年人的身心健康，也有利于为老年人提供更好的服务。因此，对于老年人社会支持网络的评估，有助于社会工作者在为老年人提供社会工作服务时了解老年人的社会关系和支持状况，通过发挥其社会支持的作用、增强支持网络来实现助人服务。为了更加科学、准确地进行社会支持网络的评估，我们将借用肖水源于1986年编制的社会支持评定量表进行评估工作。详见表9－1。

表9－1　社会支持评定量表

姓名：	性别：	年龄：
文化程度：	婚姻状况：	（曾）职业：
联系方式：	填表日期：	

指导语：下面的问题用于反映您在社会中所获得的支持，请按各个问题的具体要求，根据您的实际情况填写。谢谢您的合作

1. 您有多少关系密切、可给您提供支持和帮助的朋友？（只选一项）
   A. 一个也没有　B. 1～2个　C. 3～5个　D. 6个或6个以上
2. 近一年来您______。（只选一项）
   A. 远离家人，且独居一室
   B. 住处经常变动，多数时间和陌生人住在一起
   C. 和同学、同事或朋友住在一起
   D. 和家人住在一起
3. 您与邻居______。（只选一项）
   A. 相互之间从不关心，只是点头之交
   B. 遇到困难可能稍微关心
   C. 有些邻居很关心您
   D. 大多数邻居都很关心您
4. 您与同事______。（只选一项）
   A. 相互之间从不关心，只是点头之交
   B. 遇到困难可能稍微关心
   C. 有些同事很关心您
   D. 大多数同事都很关心您
5. 从家庭成员那里得到的支持和照顾情况。（在无、极少、一般、全力支持四个选项中，选择合适选项）

续 表

(1) 夫妻(恋人)：______
A. 无　B. 极少　C. 一般　D. 全力支持
(2) 父母：______
A. 无　B. 极少　C. 一般　D. 全力支持
(3) 儿女：______
A. 无　B. 极少　C. 一般　D. 全力支持
(4) 兄弟姐妹：______
A. 无　B. 极少　C. 一般　D. 全力支持
(5) 其他成员(如嫂子)：______
A. 无　B. 极少　C. 一般　D. 全力支持

6. 过去，在您遇到急难情况时，曾经得到的经济支持和解决实际问题的帮助的来源有：______
(1) 无任何来源。
(2) 下列来源：(可选多项)____________
A. 配偶　B. 其他家人　C. 亲戚　E. 同事　F. 工作单位
G. 党团工会等官方或半官方组织　H. 宗教、社会团体等非官方组织
I. 其他：(请列出)____________________

7. 过去，在您遇到急难情况时，曾经得到的安慰和关心的来源有：______
(1) 无任何来源。
(2) 下列来源：(可选多项)____________
A. 配偶　B. 其他家人　C. 亲戚　E. 同事　F. 工作单位
G. 党团工会等官方或半官方组织　H. 宗教、社会团体等非官方组织
I. 其他：(请列出)____________________

8. 您遇到烦恼时的倾诉方式是______。(只选一项)
A. 从不向任何人诉述
B. 只向关系极为密切的1～2个人诉述
C. 如果朋友主动询问您会说出来
D. 主动诉述自己的烦恼，以获得支持和理解

9. 您遇到烦恼时的求助方式是______。(只选一项)
A. 只靠自己，不接受别人帮助
B. 很少请求别人帮助
C. 有时请求别人帮助
D. 有困难时经常向家人、亲友、组织求助

10. 对于团体(如党团组织、宗教组织、工会、学生会等)组织活动，您______。(只选一项)
A. 从不参加
B. 偶尔参加
C. 经常参加
D. 主动参加并积极活动

续　表

计分方法 ➢ 社会支持评定量表条目计分方法： 1. 第1—4、8—10条：每条只选一项，选择第1、2、3、4项分别计1、2、3、4分； 2. 第5条分A、B、C、D四项计总分，每项从无到全力支持分别计1～4分； 3. 第6、7条如回答“无任何来源”则计0分，回答“下列来源”者，有几个来源就计几分。 ➢ 社会支持评定量表分析方法： 1. 总分：即10个条目计分之和； 2. 客观支持分：第2、6、7条评分之和； 3. 主观支持分：第1、3、4、5条评分之和； 4. 对支持的利用度：第8、9、10条评分之和

三、老年人能力评估

社会工作者在为提出入住申请的老年人提供入住评估工作的过程中，需要对老年人各个方面的能力进行评估，包括老年人精神状态和认知能力、老年人感知觉和沟通能力、老年人生活自理能力、老年人社会参与能力等方面。

（一）老年人精神状态和认知能力评估

认知功能	测验	“我说三样东西，请重复一遍，并记住，一会儿会问您：苹果、手表、国旗”
		画钟测验：“请在这儿画一个圆形时钟，在时钟上标出10点45分”
		回忆词语：“现在请您告诉我，刚才我要您记住的三样东西是什么？” 答：________、________、________（不必按顺序）
	评分 □分	0分，画钟正确（画出一个闭锁圆，指针位置准确），且能回忆出2～3个词
		1分，画钟错误（画的圆不闭锁，或指针位置不准确），或只回忆出0～1个词
		2分，已确诊为认知障碍，如阿尔茨海默病

续　表

攻击行为	□分	0分，无身体攻击行为（如打、踢、推、咬、抓、摔东西）和语言攻击行为（如骂人、语言威胁、尖叫）
		1分，每月有几次身体攻击行为，或每周有几次语言攻击行为
		2分，每周有几次身体攻击行为，或每日有语言攻击行为
抑郁症状	□分	0分，无
		1分，情绪低落、不爱说话、不爱梳洗、不爱活动
		2分，有自杀念头或自杀行为
精神状态总分	□分	上述三个项目得分之和
精神状态分级	□级	0（能力完好）：总分0分
		1（轻度受损）：总分1分
		2（中度受损）：总分2～3分
		3（重度受损）：总分4～6分

（二）老年人感知觉和沟通能力评估

意识水平	□分	0分，神志清醒，对周围环境警觉
		1分，嗜睡，表现为睡眠状态过度延长。当呼唤或推动患者的肢体时可唤醒，并能进行正确的交谈或执行指令，停止刺激后又继续入睡
		2分，昏睡，一般的外界刺激不能使其觉醒，给予较强烈的刺激时可有短时的意识清醒，醒后可简短回答提问，当刺激减弱后又很快进入睡眠状态
		3分，昏迷，处于浅昏迷时对疼痛刺激有回避和痛苦表情；处于深昏迷时对刺激无反应（若评定为昏迷，直接评定为重度失能，可不进行以下项目的评估）
视力（若平日戴老花镜或近视镜，应在佩戴眼镜的情况下评估）	□分	0分，能看清书报上的标准字体
		1分，能看清楚大字体，但看不清书报上的标准字体
		2分，视力有限，看不清报纸大标题，但能辨认物体
		3分，辨认物体有困难，但眼睛能跟随物体移动，只能看到光、颜色和形状
		4分，没有视力，眼睛不能跟随物体移动

续　表

听力（若平时佩戴助听器，应在佩戴助听器的情况下评估）	□分	0 分，可正常交谈，能听到电视、电话、门铃的声音
		1 分，在轻声说话或说话距离超过 2 米时听不清
		2 分，正常交流有些困难，需在安静的环境或大声说话时才能听到
		3 分，讲话者大声说话或说话很慢，才能部分听见
		4 分，完全听不见
沟通交流（包括非语言沟通）	□分	0 分，无困难，能与他人正常沟通和交流
		1 分，能够表达自己的需要及理解别人的话，但需要增加时间或给予帮助
		2 分，表达需要或理解有困难，需频繁重复或简化口头表达
		3 分，不能表达需要或理解他人的话
感知觉与沟通分级	□级	0(能力完好)：意识清醒，且视力和听力评定为 0 或 1，沟通评定为 0
		1(轻度受损)：意识清醒，但视力或听力中至少一项评定为 2，或沟通评定为 1
		2(中度受损)：意识清醒，但视力或听力中至少一项评定为 3，或沟通评定为 2；或嗜睡，视力或听力评定为 3 及以下，沟通评定为 2 及以下
		3(重度受损)：意识清醒或嗜睡，但视力或听力中至少一项评定为 4，或沟通评定为 3；或昏睡/昏迷

（三）老年人的生活自理能力评估

进食（用餐具将食物由容器送到口中、咀嚼、吞咽等过程）	□分	10 分，可独立进食（在合理的时间内独立进食准备好的食物）
		5 分，需部分帮助（进食过程中需要一定帮助，如协助把持餐具）
		0 分，需极大帮助或完全依赖他人，或有留置营养管
洗澡	□分	5 分，准备好洗澡水后，可自己独立完成洗澡过程
		0 分，在洗澡过程中需他人帮助

续 表

修饰（包括洗脸、刷牙、梳头、刮脸等）	□分	5分，可自己独立完成
		0分，需他人帮助
穿衣（包括穿脱衣服、系扣、拉拉链、穿脱鞋袜、系鞋带）	□分	10分，可独立完成
		5分，需部分帮助（能自己穿脱，但需他人帮助整理衣物、系扣/鞋带、拉拉链）
		0分，需极大帮助或完全依赖他人
大便控制	□分	10分，可控制大便
		5分，偶尔失控（每周<1次），或需要他人提示
		0分，完全失控
小便控制	□分	10分，可控制小便
		5分，偶尔失控（每天<1次，但每周>1次），或需要他人提示
		0分，完全失控，或留置导尿管
如厕（包括去厕所、解开衣裤、擦净、整理衣裤、冲水）	□分	10分，可独立完成
		5分，需部分帮助（需他人搀扶去厕所、需他人帮忙冲水或整理衣裤等）
		0分，需极大帮助或完全依赖他人
床椅转移	□分	15分，可独立完成
		10分，需部分帮助（需他人搀扶或使用拐杖）
		5分，需极大帮助（较大程度上依赖他人搀扶和帮助）
		0分，完全依赖他人
平地行走	□分	15分，可独立在平地上行走45米
		10分，需部分帮助（因肢体残疾、平衡能力差、过度衰弱、视力低下等问题，在一定程度上需他人搀扶或使用拐杖、助行器等辅助用具）
		5分，需极大帮助（因肢体残疾、平衡能力差、过度衰弱、视力低下等问题，在较大程度上依赖他人搀扶，或坐在轮椅上自行移动）
		0分，完全依赖他人

续　表

上下楼梯	□分	10 分,可独立上下楼梯(连续上下 10～15 个台阶)
		5 分,需部分帮助(需扶着扶手、他人搀扶,或使用拐杖等)
		0 分,需极大帮助或完全依赖他人
日常生活活动总分	□分	上述 10 个项目得分之和
日常生活活动分级	□级	0(能力完好):总分 100 分
		1(轻度受损):总分 65～95 分
		2(中度受损):总分 45～60 分
		3(重度受损):总分≤40 分

(四)老年人社会参与能力评估

生活能力	□分	0 分,除个人生活自理外(如饮食、洗漱、穿戴、二便),能料理家务(如做饭、洗衣)或当家管理事务
		1 分,除个人生活自理外,能做家务,但欠好,家庭事务安排欠条理
		2 分,个人生活能自理;只有在他人帮助下才能做些家务,但质量不好
		3 分,个人基本生活事务能自理(如饮食、二便),在督促下可洗漱
		4 分,个人基本生活事务(如饮食、二便)需要部分帮助或完全依赖他人帮助
工作能力	□分	0 分,原来熟练的脑力工作或体力技巧性工作可照常进行
		1 分,原来熟练的脑力工作或体力技巧性工作能力有所下降
		2 分,原来熟练的脑力工作或体力技巧性工作明显不如以往,部分遗忘
		3 分,对熟练工作只有一些片段保留,技能全部遗忘
		4 分,对以往的知识或技能全部遗忘

续 表

时间/空间定向能力	□分	0分，时间观念（年、月、日、时）清楚；可单独出远门，能很快掌握新环境的方位
		1分，时间观念稍有变差，年、月、日清楚，但有时相差几天；可单独来往于近街，知道现住地的名称和方位，但不知回家路线
		2分，时间观念较差，年、月、日不清楚，可知上半年或下半年；只能单独在家附近行动，对现住地只知名称，不知道方位
		3分，时间观念很差，年、月、日不清楚，可知上午或下午；只能在左邻右舍间串门，对现住地不知名称和方位
		4分，无时间观念；不能单独外出
人物定向能力	□分	0分，知道周围人们的关系，知道祖孙、叔伯、姑姨、侄子侄女等称谓的意义；可分辨陌生人的大致年龄和身份，可用适当称呼
		1分，只知家中亲密近亲的关系，不会分辨陌生人的大致年龄，不能称呼陌生人
		2分，只能称呼家中人，或只能照样称呼，不知其关系，不辨辈分
		3分，只认识常同住的亲人，可称呼子女或孙子女，可辨熟人和生人
		4分，只认识保护人，不辨熟人和生人
社会交往能力	□分	0分，参与社会，在社会环境有一定的适应能力，待人接物恰当
		1分，能适应单纯环境，主动接触人，初见面时难让人发现智力问题，不能理解隐喻语
		2分，脱离社会，可被动接触，不会主动待人，谈话中有很多不适词句，容易上当受骗
		3分，勉强可与人交往，谈吐内容不清楚，表情不恰当
		4分，难以与人接触
社会参与总分	□分	上述5个项目得分之和

续　表

社会参与分级	□级	0(能力完好)：总分 0～2 分
		1(轻度受损)：总分 3～7 分
		2(中度受损)：总分 8～13 分
		3(重度受损)：总分 14～20 分

（五）老年人能力评估报告

一级指标分级	日常生活活动：□级	精神状态：□级
	感知觉与沟通：□级	社会参与：□级
老年人能力初步等级	0(能力完好)　1(轻度失能)　2(中度失能)　3(重度失能)　□	
等级变更依据	1. 有认知障碍、精神疾病者，在原有能力级别上提高一个等级； 2. 近 30 天内发生过 2 次及以上跌倒、噎食、自杀、走失者，在原有能力级别上提高一个等级； 3. 处于昏迷状态者，直接评定为重度失能； 4. 若初步等级确定为“3(重度失能)”，则不考虑上述 1—3 条依据中各种情况对最终等级的影响，等级不再提高	
老年人能力最终等级	0(能力完好)　1(轻度失能)　2(中度失能)　3(重度失能)　□	

评估员签名__________、__________　　日期______年______月______日
信息提供者签名__________　　日期______年______月______日

注：老年人能力初步等级划分标准
0(能力完好)：
日常生活活动、精神状态、感知觉与沟通分级均为 0，社会参与分级为 0 或 1。
1(轻度失能)：
日常生活活动分级为 0，但精神状态、感知觉与沟通中至少一项分级为 1 及以上，或社会参与的分级为 2；或日常生活活动分级为 1，精神状态、感知觉与沟通、社会参与中至少有一项的分级为 0 或 1。
2(中度失能)：
日常生活活动分级为 1，但精神状态、感知觉与沟通、社会参与均为 2，或有一项为 3；或日常生活活动分级为 2，且精神状态、感知觉与沟通、社会参与中有 1～2 项的分级为 1 或 2。
3(重度失能)：
日常生活活动的分级为 3；或日常生活活动、精神状态、感知觉与沟通、社会参与分级均为 2 或以上；或日常生活活动分级为 2，且精神状态、感知觉与沟通、社会参与中至少有一项分级为 3

（六）老年人能力评定结果判定

能力等级	日常生活活动	精神状态				感知觉与沟通				社会参与			
		0	1	2	3	0	1	2	3	0	1	2	3
0（能力完好）	0												
	1												
	2												
	3												
1（轻度失能）	0												
	1												
	2												
	3												
2（中度失能）	0												
	1												
	2												
	3												
3（重度失能）	0												
	1												
	2												
	3												

注：使用结果判定卡时，一般根据日常生活活动进行初步定位，锁定目标区域，然后根据其他三项能力，在判定卡上同一颜色区域定位查找相应的能力等级。以下为几种特殊情况：

1. 当日常生活活动为0，精神状态、感知觉与沟通有一项为1及以上，或社会参与为2，判定为轻度失能；
2. 当日常生活活动为1，后三项有一项为0或1，判定为轻度失能；后三项均为2或某一项为3，则判定为中度失能；
3. 当日常生活活动为2，后三项全部为2或某一项为3，判定为重度失能，否则为中度失能

第十章

接案与预估

接触服务对象，做好接案工作，是社会工作者开展专业服务的第一步。接案是社会工作者和有可能成为服务对象的人开始沟通，并初步达成协议一起解决问题的过程。在本章中，我们将从一个服务对象（入住老年人）的求助开始接案（本书接下来的章节将针对这一个案进行系统的介入、评估和跟进工作分析），对其出现的问题进行案例描述和分析，通过面谈、实地调查走访等方式收集相关资料，从而更加全面地了解老年人所面临的问题。

第一节 接　　案

一、服务对象的来源

服务对象是养老机构内部工作人员介绍而来的。因无法解决老人的问题，院内员工特将老人转介给社会工作者。

二、案例概况

李大爷今年65岁，男，高中文化程度，从外地来到上海工作和生活已经二十多年了，育有一子一女，子女现都已成家。李大爷原本是一家事业单位的职员，五年前退休，老伴两年前患病去世。子女经常忙于工作，无暇照顾老人家，平时大多时间都是老人一人生活。老人患有冠心病、高血压和肺病，半年前老人突发脑梗死被送往医院急诊，虽然被及时抢救过来，但是留下了半身不遂的后遗症，需要长期坐轮椅。近期老人肺病复发得厉害，而子女忙于工作不常在身边照料，但极为担心老人的身体状况，所以其子女经商量决定将老人送往养老机构交由专业护理人员照料。

据养老机构工作人员介绍，李大爷自入院初期经常与其他老年人发生口角，与同住的老年人关系都不好，平时也不愿与人多说话，每天只是独自静坐，有的时候会一个人偷偷地流眼泪，食欲也渐渐变差。院方为了李大爷的健康，想尽了一切办法为他做出各种各样的美食，甚至很多服务人员也从家里带来许多小吃，想激发李大爷的食欲。但这些努力都未产生效果，眼看着李大爷迅速消瘦，身体状况一天比一天差，院方请来了李大爷的儿子进行劝说。李大爷的儿子在听完院方的说明后情绪非常激动，在训斥了老人后竟然强行给李大爷喂饭，被院方阻止。这一事件，让老人与儿子的关系进一步恶化，老人甚至起了绝食的念头。万般无奈之下，院方请求社会工作者给予帮助。

社会工作者在听取了院方对李大爷的情况介绍后，联系了李大爷的儿子并了解了相关的信息。据介绍，李大爷原来是一位非常自信、好强的人，而且性格开朗，通情达理。但是退休后，老人性格开始发生变化，特别是在两年前老伴去世后，情绪变得比较低沉，现在已经半身不遂，不能用双腿行走，又加上患有其他疾病，需要长期服药，老人的情绪就更加低落了。在社会工作者的再三追问下，其子女坦白了老人曾经有过轻生的念头，幸好被人及时发现。为了老人的生命安全，子女经过再三考虑后，才将李大爷送到了养老院。但是，老人对此却表示不愿意，还为此与子女发生过争吵。介绍完后，李大爷的儿子对那一天由于情绪激动而训斥父亲并强行喂饭的行为感到极为后悔，并表示要给父亲认错。

三、面谈

社会工作者为了更好地了解服务对象的问题，需要通过面谈的形式收集更多、更详细的信息。

（一）资料准备

1. 查阅服务对象的入住资料

查阅老人入住资料是最为直接、方便的资料收集方式，了解老人的基本信息、是否接受过相关的服务以及在面谈过程中需要注意的地方等，以便于面谈能够进展顺利。

2. 走访老人生活的社区

通过走访老人的家人、邻居、朋友及其所在社区居委会有关干部等，了解李大爷的社会功能和社会处境，获得更为深入的资料。

（二）初次面谈

社会工作者初步了解老人的问题之后，决定与老人进行第一次的面谈，经与院内有关人员的协调后，与老人约定在社工室见面，并做了面谈记录。

1. 面谈的目的

(1) 进一步了解老人的问题和需要；

(2) 向老人澄清自己的角色和责任；

(3) 取得老人的信任，建立良好的专业关系；

(4) 探寻老人的改变意愿；

(5) 确定主要问题；

(6) 进行问题的初步分析。

2. 正式面谈

考虑到李大爷的身体状况，社工决定将一次面谈的时间确定为 50 分钟。

社工：李大爷，您好，我是社工小王，我是受院方委托为您提供帮助的，希望今天的谈话我们能够顺利地进行，这样我才能更加清楚地了解您啊。(社工面带微笑，继续问候李大爷)您最近的身体怎么样啊？

李大爷：就那样吧，每天坐吃等死。(李大爷看起来很抵触)

社工：您看上去很不开心，是吗？(社工进行追问)

李大爷：(李大爷沉思了片刻)我都这样了，年轻的时候工作忙，不重视自己的身子，现在落下了一身病，又每天靠着这个轮椅，跟个废人有啥区别，还不如死了，一了百了，省得拖累子女。(当讲到子女时，李大爷陷入了沉思)

社工：您别这样想，吃好喝好，营养跟得上了，您的身体才会变得更健康啊，病情自然而然地就会慢慢好转了啊！只要您跟着康复老师做锻炼，说不定很快就能重新站起来了呢。也有与您情况一样的老年人，身体机能慢慢恢复了，有的都可以行走了。您还这么年轻，身体肯定能恢复好。

李大爷：那可未必。（叹气）

社工：现在的医学水平这么发达，只要您愿意接受治疗，做好康复训练，再加上科学的护理，身体恢复说不定真的会实现呢。以前我可是碰到过与您差不多情况的大爷哟，他后来情况好转后被孩子们接回家住了。

李大爷：真的吗？（感觉李大爷开始慢慢接受社工）

社工：您得好好吃饭才行啊。

李大爷：说到这儿，我就气不打一处来，我都这样了，他们（指子女）都不愿意照顾我，还把我送进这养老院。（李大爷很生气地看着社工）

社工：看起来您的确很生气啊，您能详细地和我说说吗？

李大爷：我和老伴有两个孩子，一儿一女，他们都结婚成了家。老伴已经先我一步走了，就剩下我一个人。他们整天忙着工作，只有逢年过节才来看我。我退休五年了，身体一直不太好，所以很少外出活动，自然而然地，与人接触就更少了。我经常感到孤苦无依，就会想到我老伴。（李大爷说到这儿，眼眶都红了）

社工：（为李大爷递上纸巾）

李大爷：你说有哪个父母愿意住到养老院呢？我现在需要人照顾，我也知道他们忙，可是我就想子女们能多陪陪我，说不定哪天我就走了（去世），他们把我送到这里，实在太不孝顺了。

社工：您先不要生气，注意身体啊！

李大爷：你说天下哪个父母不希望和自己的孩子在一起呢？我辛苦地工作，把他们养大，现在我老了、病了、不中用了，他们开始嫌弃我了吗？

社工：您怎么会这么想呢。我之前与您的子女接触过，看起来他们还是蛮孝顺的，他们很是担心您的身体，可能忙于工作，但又希望您的生活有保障和着落，所以才把您送到养老院的，这些您有想过吗？

李大爷：他们说过，我也知道，可我还是接受不了。

社工：嗯，我能理解您的感受。那您来了这里之后，感觉怎么样啊？

李大爷：（沉默不语）

社工：听说您之前与同住的老人发生过争吵，我想您应该也不是个不通情达理的人，是因为什么而争吵呢？您可以告诉我吗？

李大爷：他们看我是新来的欺负我呗，我哪能被他们欺负，想当年我可是我们单位里厉害的人物，没有我摆不平的人和事。他们看我不顺眼，我还看他们不顺眼呢。

社工：您觉得他们看你不顺眼，您有当面质问过他们吗？

李大爷：这还用问吗？他们三五成群的，就我一个人坐着个轮椅，碍着他们了呗。

社工：那您和院内的其他老人有交往吗？

李大爷：没有，我也不喜欢和他们来往。（李大爷看起来很气愤）

社工：我觉得您可以试着和别人聊聊天，也许是他们不太了解您，所以才会产生误会呢。多和其他老年人交流交流，我想您的心情自然会变得舒畅，对您的病情也会有很大帮助的。

李大爷：嗯……

社工：大爷，我听您儿子说，您象棋下得很好的，几乎打遍天下无对手？

李大爷：哦，那小子跟你说这个了？（停顿片刻，自豪地继续说）那是，想当年我们单位没人能赢我，我住的那一片小区也没人能赢我。

社工：哦，大爷，那您厉害了。不过我们这儿108的张大伯下棋也很厉害的，院内无敌手。80多岁精神着呢，每天找人杀几盘，都把几位大爷下怕了。要不待会儿我介绍您俩认识，杀上一盘？

李大爷：好啊，这儿还有这么厉害的人？你待会儿一定要介绍我们认识下。

社工：对了，我听您的儿子说您之前在家时有过不好的念头，是因为您这个病吗？千万不能这么想啊。

李大爷：唉，有各种因素吧，不过我现在这样能干啥，现在退休了，一个人又成这样子，我还能做什么呢，还不如死了！（李大爷讲到此处，表情看起来十分悲伤）

社工：我很理解您现在的处境，如果换作是我，也许我做得还不如您呢。您之前那么开朗、坚强，我相信您一定会渡过难关、重拾自信的。其实，我也有过相似的经历。

李大爷：哦，说来听听。

社工：是我的外公，我外公当年才刚过70岁，他是一个爱钻牛角尖的人，脾气很倔，因为和我舅舅他们吵架，一时想不开，吃了安眠药，当被人发现时已经晚了。我舅舅为此病了大半年没恢复过来，至今他每每想起来还十分地懊悔。都是亲人，有什么事不可以心平气和地说呢，对不对？闹成这样，对双方都不好，我舅舅至今还生活在自责中。生命对于每个人来说，都只有一次，我们都应该好好珍惜才是。我想，如果我外公知道这样的结果导致我舅舅的长期痛苦、自责的话，他也一定会为自己的决定感到后悔吧，因为他其实是很在乎我舅舅的。

李大爷：是的。（李大爷似乎在想什么）我想你外公当时也只是太过冲动了。

社工：是啊，不是有句话说得好嘛，"冲动是魔鬼啊"。大爷，您说是不是这个理？

李大爷：对。

社工：所以，我相信您的子女一定也是很希望您能够健健康康的，虽然您现在生病了，但他们肯定不会放弃您的，要不然他们也不会将您送到我们这儿——这么高级的养老院来，对吧？只要您自己不放弃自己，相信总有一天您的身体会好转的。

李大爷：嗯……（沉思）谢谢你！跟你聊了这么久，我心里也好受一点了。

社工：（微笑着）我也应该感谢您才是，谢谢您愿意和我聊聊您的事儿。

李大爷：好，好。（微笑着点点头）

社工：那我们今天的面谈就到此吧，很感谢您的配合！我们在接下来的一段时间内，可能会经常见面，如果您有什么需要或者遇到了什么困难，都可以和我说说的，我也很乐意倾听和帮助您。

李大爷：好的，谢谢你啊！

社工：不客气，那我们再见了。

李大爷：再见。哎，别忘了给我介绍老张头啊。

社工：忘不了，您放心，等您吃过饭，睡个午觉，我就来接您去他屋。我先去跟他说一下，您要吃饭哦。

李大爷：（微笑、点头）

3. 问题呈现

在经过与老人的初次面谈之后，社会工作者对他的问题有了整体的把握（见表 10－1、表 10－2）。老人现在面临的问题主要包括以下几方面：

（1）生理方面：老人患有冠心病、高血压、脑梗死和肺病，半年前突发脑梗死导致半身不遂，长期坐轮椅，平时需要服药维持身体健康。因此，他需要全面的长期照护服务。

（2）家庭方面：因为入住养老院的事情，老人与子女发生过争执，老人认为子女把自己送进养老院是不孝。加之，因他刚入院时，出现了厌食行为，儿子给他强行喂食，导致老人与儿子之间关系更加紧张。

（3）生活方面：老人具有半自理能力，个性要强，文化程度较高，很难融入机构生活中。

(4) 心理方面：性格变得较为孤僻，不喜欢与机构内的其他老年人交往；老人时常感到孤独，情绪消沉，缺乏自信，经常思念老伴，有过自杀倾向。

(5) 认知方面：老人对入住养老院存在认知偏差，认为自己被送进养老院很没面子，子女也很不孝；老人觉得自己患了一身病，活着自己受罪，还连累到别人，对生命抱消极态度和想法。

(6) 人际关系方面：老人入住养老院以来，与院内其他老年人交往较少，人际关系较为紧张，人际交往圈正逐渐缩小。

表 10－1　个案接案记录表

<table>
<tr><td colspan="2">个案姓名：李××</td><td colspan="3">性别：男</td><td colspan="2">年龄：65 岁</td></tr>
<tr><td colspan="2">社工姓名：王芳(化名)</td><td colspan="3">转介日期：</td><td colspan="2">接案日期：××××</td></tr>
<tr><td colspan="7">个案来源：□本人申请　□家人/亲属申请　☑其他(请注明)：养老院转介</td></tr>
<tr><td colspan="7">接案原因说明：
老人目前出现一些问题，所在养老院无法解决，求助于社会工作者</td></tr>
<tr><td colspan="7">服务对象基本资料</td></tr>
<tr><td colspan="2">曾从事职业：单位职员</td><td colspan="3">籍贯：上海</td><td colspan="2">宗教信仰：无</td></tr>
<tr><td colspan="4">兴趣爱好：下棋</td><td colspan="3">与家人关系：与子女有矛盾</td></tr>
<tr><td colspan="7">监护人资料</td></tr>
<tr><td>姓名</td><td>性别</td><td>年龄/岁</td><td>关系</td><td>职业</td><td>联系方式</td><td>居住地址</td></tr>
<tr><td>李先生</td><td>男</td><td>40</td><td>儿子</td><td>销售经理</td><td>××××××××××</td><td>上海××××××</td></tr>
<tr><td>李女士</td><td>女</td><td>35</td><td>女儿</td><td>外企职员</td><td>××××××××××</td><td>上海××××××</td></tr>
<tr><td colspan="7">疾病：□健康状况良好　☑高/低血压　□眼疾，如白内障　□帕金森病
□气管炎　□心脏病　□关节炎　□糖尿病　□肾病　☑脑卒中
□阿尔茨海默病　□癌症　☑脑梗死　□失明/部分失明　□失聪/部分失聪
□肢体残疾　☑冠心病　□精神疾病，请注明：________
☑其他，请注明：<u>肺病</u></td></tr>
<tr><td colspan="7">自理能力：□完全自理，能行走　□半自理，能行走
☑半自理，不能行走　□完全不能自理</td></tr>
</table>

续　表

近期身体状况：□转好　□与往常比无改变　☑变差 有没有特殊状况(请注明)：老人情绪十分消沉，过于悲观，不自信，不愿与人交往，出现绝食行为
近6个月有没有以下事件发生： ☑自己健康有转变　□家人健康有转变　□自己和家人的经济状况转变 □亲人去世　□婚姻状况转变　□同住的室友有变化　□搬家 ☑其他：老人突发疾病，入住养老院，生活环境发生重大变化
社工评估
接案日期：××××年××月××日　／　接案社工姓名：王芳(化名)　／　个案编号：××××
个案性质：□危机介入　□一般事件　☑综合介入
介入范畴： ☑情绪困扰　□经济困难　☑健康问题　☑生活适应　□跌倒危机　□长者被虐 □护老服务者支援服务　☑人际关系及支援　□善别/善终服务 ☑行为及精神问题　□自我照顾问题　☑记忆及认知问题　□居住环境危机 □服务申请及支援 ☑其他：家庭关系问题
介入计划： (1) 改善老人与子女的关系； (2) 帮助老人正确对待疾病问题，纾解其心理压力； (3) 帮助老人改善人际关系，增强其社会支持； (4) 对老人进行心理辅导，解决其情绪困扰； (5) 为老人提供个案管理服务
督导意见： 同意服务

表10-2　面谈记录表

个案姓名	李××	年龄	65岁
个案编号	××××	曾从事职业	某事业单位职员
民族	汉	婚姻状况	丧偶
面谈时间	上午10点	面谈地点	养老院内设社工室
面谈次数	1次	会面参与人	社工、老人
备注	面谈时间为50分钟		

续 表

呈现的状况	社工经过与老人的面谈及接触前的了解，发现老人存在以下几方面问题： (1) 存在多种疾病困扰，目前健康状况不好； (2) 生活上不能完全自理，需要他人照顾； (3) 与子女关系出现僵持； (4) 与院友发生冲突，人际关系较紧张； (5) 老人存在认知偏差，行为异常； (6) 目前情绪低沉，对未来生活缺少信心，贬低自己
面谈经过	经过与老人的首次正式面谈，老人从刚开始的抵触心理到慢慢开始打开自己的内心，逐渐向社工表达自己的真实感受和想法，整个谈话过程中，社工与老人关系较融洽，确定初步取得老人的信任
社工的印象	在与老人的面谈中，社工了解到老人虽然目前精神和情绪状况不太好，但是还是希望自己的病情能够好转，有自我改变的潜能
未来计划	改善老人与子女的关系； 帮助老人尽快适应机构生活； 缓解与院友的关系，增强老人的社会支持网络； 对老人进行危机干预，进行心理辅导，消除轻生念头； 为老人联系多种服务，帮助其提供全面的护理服务与治疗计划，增强其对健康恢复的信心

4. 面谈发现

经过与老人的第一次面谈，社会工作者了解到，虽然老人情绪消极低沉，不愿与人交往，这其实是老年人自我保护的一种手段。老人在内心深处还是很希望自己的病情能够好转，也有自我改变的意愿。

（三）工作反思

在整个面谈过程中，为了试图了解老人的问题与其自身的感受以及建立专业关系，社会工作者通过运用一系列面谈的技巧，对面谈过程积极做回应，逐步取得了老人的信任。在本次面谈中，社会工作者运用了以下的面谈技巧：

1. 主动介绍

主动介绍自己在初次面谈时非常重要。当社会工作者接到任务为老人提供专业社会工作服务时，初次的接触可能会引起李大爷的抵触与反感，甚至是愤怒等情绪，由于李大爷可能不了解社工的意图而对其产生防御心理。因此，为了能与李大爷有一个很好的开始，社会工作者需要主动地介绍自己，明确告知自己的身份、来意以及对求助者的看法等。同时找到李大爷的特长或兴趣点，找到共同语言，进一步拉近与李大爷的距离，以便建立信赖关系。

2. 沟通

沟通是了解李大爷问题的最直接的方式，也是建立专业关系最有效的方式。当社会工作者对李大爷的问题认识不清或者对李大爷的陈述有所质疑时，需要及时追问李大爷，要求李大爷对问题做出事实性的解释，并说出当时及现在的感受和想法。

3. 专注与倾听

专注与倾听是面谈的基本技巧。在李大爷表述自己的事实、想法与感受时，社会工作者要表现出神情专注，让李大爷感受到社工在认真倾听，使李大爷感到自己在被人尊重、有人愿意倾听自己的话。专注与倾听可以通过语言和非语言行为向李大爷表现出来，语言包括“嗯”“是的”“好”“我理解”等，鼓励老人继续说下去；非语言行为包括微笑、眼神交流、身体前倾、握手、拥抱等支持性肢体动作等，传达社工的专注。

4. 同理心

在面谈的接触中，社会工作者需要运用同理心的技巧增加与李大爷的情感互动。所谓同理心，就是站在对方的立场，能够体会他的情绪与想法，理解他的立场与感受，站在他的角度思考问题，并把自己的同理感受及时向对方表达出来。在面谈中，社会工作者通过同理感受，让李大爷感受到了社工对自己的理解，让李大爷逐渐开始接纳社工。

5. 自我表露

自我表露，是社会工作者向服务对象（老年人）展示自己的个人信息，包括过去的经历、感受和想法等，以利于促进双方的积极互动与情感交流，促进专业关系的建立。在本次面谈中，社会工作者通过自我表露与李大爷就轻生问题产生情感共鸣，让李大爷意识到生命的意义。

四、建立专业关系

经过初次的面谈，社会工作者与李大爷相处较融洽，已初步建立良好的专业关系。因此，为了接下来的服务能够顺利地进行，社会工作者需要维持好专业关系。

五、决定工作进程

在初次接触和面谈后，社会工作者对老人的问题已有所了解，也明确了老人确实有自我改变的意愿，而老人对社会工作者没有表现出过度的抗拒行为，老人和社会工作者之间的关系较为良好。于是，社会工作者决定进入下一个助人阶段。

第二节　预　　估

在接案阶段，通过资料的收集与初次面谈，社会工作者对老人的问题已经有所了解，也已进行了初步的预估。

一、预估的目的

预估的目的，包括以下几点：

(1) 识别老人问题的客观因素。客观因素主要包括老人的背景资料、家庭关系、经济状况、疾病史、曾接受的服务等。

(2) 识别老人问题的主观因素。通过初步预估要了解老人自身的感受、老人对自身问题的看法以及造成老人这些主观感受的原因。

(3) 发现老人所具有的优势。在预估中，社会工作者需要以优势视角来看待老人问题，发掘老人自身的潜能，发现老人家庭、所处养老院及其他社会关系中的资源优势因素。

(4) 识别问题背后的原因。预估的目的在于对老人的问题进行客观、深入的分析，识别那些造成老人问题出现的原因，而不是仅仅停留在问题的表面。

二、预估的方法

(一) 家庭结构图

为了更加直观地了解老人的家庭关系，社会工作者对老人的家庭结构进行了绘制。

根据接案阶段的了解，社会工作者按照李大爷的家庭关系，绘制出他的家庭结构图(图 10－1)。在家庭结构图中，一般用方形表示男性，用圆形表示女性，用实线表示已婚的状况，用虚线表示未婚状况及家庭子女关系。父母和子女之间、子女之间用粗、细实线分别表示关系的紧密与不紧密状况，虚线表示关系有问题和关系不好；死亡的家庭成员在方形或圆形上用“×”表示。

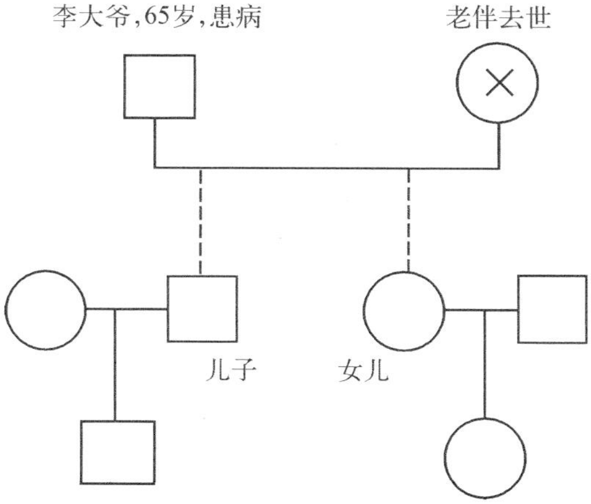

图 10－1　李大爷家庭结构图

从图中我们可以知道，目前老人与子女之间的关系出现了问题，具体原因社会工作者在接案过程中已有所了解。

（二）社会网络分析

了解老人的社会支持网络对于介入和解决老人问题十分重要。社会支持网络一般包括家庭成员、亲戚、朋友、邻居以及正式的社会支持，如政府、社区、工作单位、其他社会组织等。在本案例中，机构社工对服务对象（李大爷）的社会支持网络进行了梳理（见表 10－3）。

表 10－3　李大爷的社会支持网络梳理

非正式的社会支持网络	李大爷的子女（儿子、女儿，另包括其儿媳、女婿）
	亲戚、朋友、以前的同事
	所居住社区邻居
	院友
正式的社会支持网络	所在养老院及其工作人员
	就诊医院及其医护人员
	之前居住的社区居委会

但是从关系的强弱方面来看，目前，在服务对象（李大爷）的非正式支持网络中，各方的支持程度都比较弱；在正式支持网络中，服务对象（李大爷）与所在的养老院有很紧密的联系，且对养老机构的依赖性较强。

（三）社会历史报告

社会工作者通过与院内有关人员的协调，搜集到老人入住时提供的各种资料信息，并对其各种信息进行整理和分析，制成社会历史报告信息表（见表 10－4）。其中包括：

（1）老人的系统资料；

（2）老人关心的事项、需求以及相关问题，这些事项的发展过程；

（3）老人现在的能力和限制能力的情况；

（4）老人具备的资源、优势等。

表 10－4　李大爷的社会历史报告信息表

填表日期：××××年××月××日

接案信息	详　细　说　明
导致现在的问题及求助行为的重要事件	老人因生病被送来养老院后情绪状态一直不好，食欲不振，日渐消瘦，院方多次努力无效，一次老人的儿子强行给老年人喂食，二人发生矛盾，老人变本加厉，有了绝食的念头，院方无奈之下将老人转介给社工
服务对象处理问题的方式和效果	经过社工的了解，老人对待问题的态度十分消极，处理问题的方式过于偏激，从而不利于自身疾病的治疗，也给其子女和所在养老院造成了困扰
服务对象的情绪状态	经过与老人初次的面谈以及与老人儿子的谈话，社工了解到老人目前的情绪状态很不好，老人平时不愿与人交流，内心十分孤独，缺乏自信，对于未来生活过于悲观、消极，所以才会将这些负面情绪表现在行为上
行为表现	与子女发生争执，关系现在较为僵持； 经常与养老院内同住老人发生口角，关系不好，与院内其他老人也较少来往； 经常一个人独处、静坐，有时偷偷流眼泪； 食欲不振，出现厌食行为，不愿配合院方工作； 曾有过自杀行为
人际关系	退休后，老人很少与人来往，人际关系渐渐淡化；入院后，老人与院内其他老人关系都不好
精神疾病记录	无
健康状况	患有冠心病、高血压、肺病和脑梗死，半年前突发脑梗死，造成其半身不遂，需要坐轮椅，老人需要接受健康照护
经济状况	老人有退休金，同时子女也会提供经济支持
情感状况	老人的配偶两年前去世，老人表示有时会想念老伴，一个人生活，内心孤独
暴力/虐待史	无
社会支持网络	目前老人的子女是老人最大的社会支持主体，虽然其子女平时工作忙碌，但是十分担心老人的身体健康；老人目前入住了养老院，日常生活起居和疾病护理都有专人照护，院方和医护人员也给老人提供了支持
老人自身的潜能	老人曾是事业单位职员，文化程度较高；同时，经过与老人的面谈，社工发现老人内心深处有自我改变的意愿

续 表

接案信息	详细说明
接案社会工作者的评价	老人目前需要别人的理解、鼓励和支持，帮助处理他的悲伤和愤怒； 老人需要增加与他人的沟通和交流，尤其是与其他入住老人的良好关系的建立，这有助于老人更好地适应机构生活； 老人现在需要加强与其子女的沟通，改善与子女的关系； 社工可以帮助老人回顾自己以往的成就来增加其生活和面对困难的信心； 老人目前对机构养老和自身生病的状态存在着认知偏差，社工需要修正老人的错误认知，改变老人消极的生活态度； 对老人的精神健康状况要时时检查跟进，避免老人再次产生轻生的念头，必要时社工可进行危机干预

三、初步预估

根据老人的基本情况，社工对其问题的预估如下：

（一）身体健康问题

老人目前的身体健康状况不太乐观，老人患有冠心病、高血压、肺病和脑梗死等慢性病，需要长期服用药物，同时老人行动不便，生活不能完全自理，需要有专护人员照料。

（二）人际关系紧张问题

老人与子女关系僵持，与院内其他老人发生矛盾。同时，老人不愿主动与他人沟通交流，出现孤独、焦虑、悲观、敌视等不良心态。

（三）环境适应问题

老人对养老院生活和环境适应不良，这主要是由于老人入住养老院后失去了自己的社会角色，突然变成一个需要被别人照顾的“无用之人”，进入了一个自己不熟悉的环境。生活环境的变化，使得老人在一段时间内还难以适应养老机构的生活，与其他老人共同生活也让老人较难适应。

（四）认知偏差问题

老人对入住养老院存在个人偏见，认为被送来养老院很没有面子，自己的子女不够孝顺。同时，老人对自身的健康状况持有十分消极的态度，认为自己现在“不中用了”，对自己持否定态度。

（五）心理情绪问题

结合面谈了解，老人对身体健康有不安全感和焦虑情绪，对现在的生活不满并时常感到孤独，这让老人失去了自信，且意志消沉，同时还产生了轻生的念头。

四、需求评估

通过对老人问题的预估，社工对老人进行了需求评估。通过对老人需求的满足，帮助老人解决其面临的问题。老人存在的需求如下：

（1）改善老人与其子女之间的关系。

（2）需要与老人多沟通交流，带动老人多参加院内的活动，减少老人的孤独感，从而促进老人主动与人交往。

（3）需要改善老人与养老院内其他老人的关系，帮助老人尽快适应机构生活。

（4）鼓励老人多看一些医学类的杂志，与家属确定好老人的复诊与护理时间，协助康复师制订老人的康复训练计划。

（5）在行为认知上，让老人回忆生命中最有意义的事情，引导老人多想一些美好的事情，帮助老人建立生活的信心。

五、撰写预估报告

在认定服务对象的问题和需求后，社会工作者需要撰写预估报告（见表10－5）。预估报告可作为下一步制订介入计划的依据，对于养老机构社工服务的开展也具有一定的参考价值。

表 10－5　个案预估报告

服务社工：王芳　个案编号：×××××　填写日期：××××年×月×日

<table>
<tr><td colspan="6">服务对象基本信息</td></tr>
<tr><td>姓名</td><td>李××</td><td>性别</td><td>男</td><td>年龄</td><td>65 岁</td></tr>
<tr><td>民族</td><td>汉</td><td>文化程度</td><td>高中</td><td>籍贯</td><td>上海市</td></tr>
<tr><td>兴趣爱好</td><td>下棋</td><td>职业(曾)</td><td>某事业单位职员</td><td>婚姻状况</td><td>丧偶</td></tr>
<tr><td>宗教信仰</td><td colspan="2">无</td><td>子女情况</td><td colspan="2">育有一儿一女，均已成家</td></tr>
<tr><td colspan="3">经济状况</td><td colspan="3">老人自己有退休金，儿女也会提供经济支持</td></tr>
<tr><td>个案来源</td><td>养老院转介</td><td>主要监护人</td><td>李先生(儿子)</td><td>联系方式</td><td>×××××××××</td></tr>
<tr><td>第一监护人(儿子)地址</td><td colspan="5">××××××××××</td></tr>
<tr><td>第二监护人(女儿)地址</td><td colspan="5">××××××××××</td></tr>
<tr><td>老人目前的身体状况</td><td colspan="5">老人患有冠心病、高血压、肺病和脑梗死，半年前突发脑梗死，造成其半身不遂，需要坐轮椅，老人需要接受健康照护</td></tr>
<tr><td>存在的问题</td><td colspan="2">老人目前存在以下问题：
(1) 身体健康问题；
(2) 人际关系紧张问题；
(3) 环境适应问题；
(4) 认知偏差问题；
(5) 心理情绪问题</td><td>情绪和行为表现</td><td colspan="2">情绪上：社工了解到老人目前的情绪状态很不好，老人平时不愿与人交流，内心十分孤独，缺乏自信，对于未来生活过于悲观、消极。
行为上：(1) 与子女发生争执，关系现在较为僵持；
(2) 经常与养老院内同住老人发生口角，关系不好，与院内其他老人也较少来往；
(3) 经常一个人独处、静坐，有时偷偷流眼泪；
(4) 老人食欲不振，出现厌食行为，不愿配合院方工作；
(5) 曾有过自杀行为</td></tr>
<tr><td>老人目前的人际关系</td><td colspan="5">退休后，老人很少与人来往，人际关系渐渐淡化；入院后，老人与院内其他老人关系都不好</td></tr>
<tr><td>老人自身的资源和潜能</td><td colspan="5">老人曾是事业单位职员，文化程度较高；同时，经过与老人的面谈，社工发现老人内心深处有自我改变的意愿</td></tr>
</table>

续　表

社会支持系统	目前老人的子女是老人最主要的社会支持主体，虽然其子女平时工作忙碌，但是十分担心老人的身体健康；老人目前入住了养老院，日常生活起居和疾病护理都有专人照护，院方和医护人员也给老人提供了支持
可能存在的危机	老人情绪消极、低沉，曾经有过轻生行为，目前出现绝食念头，并且在与老人的初次面谈中，老人多次出现“不想活了”“还不如死了算了”诸如此类的言语，社工初步断定可能需要对老人进行危机干预
需求评估	(1) 改善老人与其子女之间的关系； (2) 需要与老人多沟通交流，带动老人多参加院内的活动，减少老人的孤独感，从而促进老人主动与人交往； (3) 需要改善老人与养老院内其他老人的关系，帮助老人尽快适应机构生活； (4) 鼓励老人多看一些医学类的杂志，与家属确定好老人的复诊与护理时间，协助康复师制订老人的康复训练计划； (5) 在行为认知上，让老人回忆生命中最有意义的事情，引导老人多想一些美好的事情，帮助老人建立生活的信心
社会工作者的判断	(1) 老人目前需要别人的理解、鼓励和支持，帮助处理他的悲伤和愤怒情绪； (2) 老人需要增加与他人的沟通和交流，尤其是与其他入住老人建立良好的关系，这有助于老人更好地适应机构生活； (3) 老人现在需要加强与其子女的沟通，改善与子女的关系； (4) 社工可以帮助老人回顾自己以往的成就来增加其生活和面对困难的信心； (5) 老人目前对机构养老和自身生病的状态存在着认知偏差，社工需要修正老人的错误认知，改善老人消极的生活态度； (6) 社工需要时时检查并跟进老人的精神健康状况，避免老人再次想不开，必要时可进行危机干预
服务目标	(1) 帮助老人消除负面情绪，以积极的态度面对现实； (2) 促进老人形成正确的认知，树立合理信念； (3) 鼓励老人采取行动，改变现状，以适应养老院的生活； (4) 增进老人与子女的沟通，改善老人与子女的关系； (5) 通过小组活动的开展，缓解老人与院内其他老人的关系，强化老人的社会支持网络，减少老人的孤独感； (6) 协调各种服务和资源，给老年人提供全面的照护和治疗方案与服务，帮助老人树立康复信心

第十一章

制订服务计划

在完成了预估之后，社会工作者了解了老人需要解决的问题，那么，接下来就是制订服务计划，设计服务方案。在制订服务计划的过程中，社会工作者要注重老人及其子女的知情权与参与权，明确服务的主要目标，共同协商制订服务介入计划，并与老人和其子女以及院内负责人签订服务协议。

第一节　制订服务计划

一、服务目的与目标

（一）服务目的

（1）改善老人与子女之间的关系；

（2）为老人建立一个良好的社会支持网络；

（3）促进老人更好地适应养老院的生活；

（4）帮助老人树立合理的认知，让老人正确看待自己的疾病，积极接受治疗，乐观地面对生活。

（二）服务目标

（1）与老人及其家属建立良好的专业关系；

（2）帮助老人疏导不良情绪，让其能够有一个倾诉与宣泄的地方；

（3）尊重老人，取得老人的信任，便于日后工作的开展；

（4）发掘老人自身所具有的优势和潜能，增进老人的自信心；

（5）改变老人对子女的看法；

（6）帮助老人积极地表达自己，增进老人与他人的沟通；

（7）协调各种服务和资源，为老人提供全面的照护和治疗方案，帮助老人树立康复信心；

（8）进一步识别并评估老人的情绪问题和危及生命安全的行为问题，采取情绪疏导、心理紧急援助和身体保护等工作，使老人摆脱绝望心理，放弃轻生的念头。

二、服务计划

（一）选择服务方法

（1）个案工作方法。社会工作者针对老人出现的问题，在提供专业服务的过程中采用个案工作方法，帮助老人解决其认知问题、心理情绪问题、家庭关系问题。

（2）小组工作方法。社会工作者可以利用小组的形式，在养老机构开展小组活动，促进服务对象与机构、其他老人、其他工作人员之间的交流，帮助其尽快适应院内生活，解决其社会交往问题。

（3）社区工作方法。社会工作者可以引导老人参与到社区活动中，也可以将社区资源引入养老机构，促进老人的社会参与，减少其与社区的疏离感。

（4）个案管理。针对老人出现的多重疾病问题，社会工作者在服务工作中需要联络多个服务主体帮助老人，包括医生、护士、护理员、院内管理人员、心理咨询师等，并做好服务的协调工作。

（二）选择介入系统

根据对老人（李大爷）的问题及其社会关系和支持资源的了解，社会工作者决定选择以下社会系统作为此次服务的介入系统：

（1）家庭成员（老人的子女）；

（2）老人所处养老院；

（3）机构其他入住老人；

（4）医院医护人员。

（三）确定服务策略

（1）对老人进行危机介入，帮助老人宣泄消极情绪，给予老人精神支持；

（2）联络老人周围的现有资源，促进老人发生自我改变；

（3）通过小组活动的形式，缓解老人与院内其他老人之间的紧张关系；

(4) 协调和链接各类服务资源，为老人提供全面的专业化服务。

(四) 制订行动计划

1. 第一阶段：危机干预

针对老人的厌食行为和轻生念头，社会工作者需要立即进行危机介入，避免老人出现突发意外事件。在与老人接触之后，无论是从院方和其子女处得知老人的精神状态，还是在与老人的面谈过程中观察老人的行为表现，社会工作者均发现目前老人的精神状态极差，不可排除老人存在着危机。因此，社会工作者将选择首要的任务就是进行危机干预。

2. 第二阶段：情绪疏导

刚刚入院的老人情绪可能比较消极、低沉，自身疾病的影响和老人内心的孤独感让老人性情大变，对未来的生活产生绝望感。因此，社会工作者需要积极引导老人表达自己的内心感受，及时帮助老人进行情绪宣泄，使老人积极乐观地面对困难。

同时，在对老人的了解中，社会工作者发现老人存在着错误认知，如对入住养老机构的偏见、对自己“不中用”的判定。错误的认知与观念也是造成老人心理和情绪问题的主要原因之一。因此，在对老人进行情绪疏导之后，社会工作者需要帮助老人辨识自身的错误认知，建立理性信念，从而重新树立生活信心。

3. 第三阶段：改善关系

由于老人的子女经常忙于工作，疏于对老人的照顾和关心，老人内心十分孤独。加之，老人对子女将其送进养老院心生不满，这让老人与子女之间的关系变得紧张。因此，在这一阶段，社会工作者的主要任务就是缓解老人与其子女之间的紧张关系，促进老人与子女间的沟通和交流，让老人能够感受到来自子女的关爱和照顾。

4. 第四阶段：适应生活

老人刚入住养老院，对周围的环境充满陌生感，自我角色的变化和原有社会交往关系的改变让老人无所适从。为了让老人能够很好地适应机构生活,改善与院内其他老人的关系,社会工作者在这一阶段先根据他的兴趣爱好,介绍个别老人与其接触,再通过开展小组活动,促进老人参与机构活动,增进老人与其他老人以及养老院工作人员间的互动与沟通,帮助其重组社会支持网络。

5. 第五阶段:促进恢复

老人目前存在着健康问题、心理和情绪问题,需要接受多重服务。因此,社会工作者需要联系各个服务主体,协调多种服务,进行个案管理工作,使老人得到更好的照料。

三、评估计划

评估计划是测量和评估社会工作者与服务对象共同设定的干预计划,用以评估问题的解决情况及目标的实现程度。针对本次服务,社会工作者可进行过程评估和结果评估。

(一) 过程评估

社会工作者需要对每一阶段的服务进行过程评估,确保目标任务的实现。评估的方式可以是服务对象自评、社工自评、社工督导评估。

(二) 效果评估

效果评估是对整个服务的最终阶段进行评估,评估服务目的的实现情况。评估的方式同样可以是服务对象自评、社工自评、社工督导评估。

第二节　签订服务协议

在制订服务计划之后,社会工作者需要与老人(服务对象)及其家属和院方签订服务协议,从而确保服务计划的顺利进行。

社会工作者经过与老人及其家属的面谈与沟通，了解了老人的问题和需要，在预估的基础上制订服务计划。双方经过磋商对服务计划达成一致意见，社会工作者与老人及其家属签订服务协议（见表11－1）。

表11－1　××养老院社工服务计划协议书

服务对象姓名：李××　　性别：男　　年龄：65岁 个案编号：××××××　　接案日期：××××年××月××日
问题的描述： （1）身体健康问题 老人目前的身体健康状况不太乐观，老人患有冠心病、高血压、肺病和脑梗死等慢性病，需要长期服用药物，同时老人行动不便，生活不能完全自理，需要有专护人员照料。 （2）人际关系紧张问题 老人与子女关系僵持、与院内其他老人发生矛盾，不愿主动与他人沟通交流，出现孤独、焦虑、悲观、敌视等不良心态。 （3）环境适应问题 老人对养老院生活和环境的适应不良，这主要是由于老人入住养老院后失去了自己的社会角色，突然变成一个需要被别人照顾的“无用之人”，进入了一个自己不熟悉的环境。生活环境的巨变让老人难以很快适应养老机构生活，与其他老人共同生活也让老人较难适应。 （4）认知偏差问题 老人对入住养老院存在个人偏见，认为被送来养老院很没有面子，自己的子女不够孝顺；同时，老人对自身的健康状况持有十分消极的态度，认为自己现在“不中用了”，对自己持否定态度。 （5）心理情绪问题 老人对自身身体健康有不安全感和焦虑情绪，对现在生活不满并时常感到孤独，这让老人失去了自信且意志消沉，同时还产生了轻生的念头
总目标： （1）改善老人与子女之间的关系； （2）为老人建立一个良好的社会支持网络； （3）促进老人更好地适应养老院的生活； （4）帮助老人树立合理认知，让老人正确看待自己的疾病，积极接受治疗，乐观地面对生活
具体目标： （1）与老人及其家属建立良好的专业关系； （2）帮助老人疏导不良情绪，让其能够有一个倾诉与宣泄的地方； （3）尊重老人，取得老人的信任，便于日后工作的开展； （4）发掘老人自身所具有的优势和潜能，增进老人的自信心；

续 表

(5) 改变老人对子女的看法； (6) 帮助老人积极地表达自己，增进与他人的沟通； (7) 协调各种服务和资源，为老人提供全面的照护和治疗方案，帮助老人树立康复信心； (8) 进一步识别并评估老人的情绪问题和危及生命安全的行为问题，采取情绪疏导、心理紧急援助和身体保护等工作，使老人摆脱绝望心理，放弃轻生的念头
行动计划： 第一阶段：进行危机干预； 第二阶段：进行情绪疏导，帮助老人树立正确认知，建立信心； 第三阶段：改善老人与子女的关系； 第四阶段：帮助老人尽快适应机构生活，重组其社会支持网络； 第五阶段：为老人提供个案管理服务，促进老人健康恢复
任务和责任： 社会工作者需要针对老人(服务对象)出现的问题，逐步予以解决，要实现计划制订的阶段任务，严格履行社工的专业责任。 同时，老人及其家属和养老院对服务计划无异议的，同样严格履行其责任，做好服务的配合工作，保证服务计划顺利进行
预计完成日期： 自接案日起，社会工作者将服务时间暂定为 6 个月
服务对象签字：　　　　家属签字： 日　　期：　　　　日　　期： 院方负责人签字：　　　　社工签字： 日　　期：　　　　日　　期：

第十二章

介入行动

在制订服务计划之后，就是实施阶段，又称介入。这一阶段社会工作者的主要责任在于运用专业的介入方法、介入模式及介入技巧，来帮助、支持服务对象采取必要的行动，解决老年人遇到的实际问题。同时，社会工作者要监控服务对象在介入阶段的反应，并定期对服务工作的进展进行评估。服务对象问题的多重性与复杂性，使得服务介入阶段的工作会有所重叠，服务的提供也可能会同时进行。但是，为了明确服务对象的问题，更加有效地发挥服务的效果，社会工作者把整个介入行动分为五个部分，即危机干预、理性情绪治疗、改善家庭关系、重建支持网络以及提供个案管理。

第一节　危机干预

针对老人出现的心理危机，如情绪低沉、消极悲观等不良心理和情绪，社会工作者决定在实施阶段的首要任务是对老人进行危机的干预。所谓危机干预，是指在服务对象处于混乱不安的时候，对其进行的一种积极主动的支持活动，调动处于危机之中的个体自身的潜能，以降低具有破坏性的生活压力带给人的直接冲击。

一、理论基础

（一）危机干预理论

危机干预理论是进行危机干预服务所运用的专业理论基础。该理论认为，当遭遇情景性的或危险性的生活事件时，个人常会经历一种情感失衡，尤其是当处于生理和心理以及社会关系发生重大变化的老年阶段，老年人遇到重大不幸事件时，会暂时性地进入一种脆弱状态，这种脆弱状态时常伴随着危机的发生。因此，社会工作者需要对这些老年人进行危机的干预。在进行危机干预的过程中，社会工作者需要运用专注、倾听、建立良好的专业关系、同感和提供支持等专业工作技巧。

（二）危机调适模式

危机调适模式是进行危机干预时使用的治疗模式，它以自我理论、压力理论和学习理论为基础，通过运用其他各种模式的观点、程序和原则，介入个人、家庭和团体的生活环境中，以缓解危机给受助人带来的压力和影响。其基本假设是：每个人在成长和发展的各个人生阶段都有可能遇到使得原来平衡状态失衡的压力事件，当失衡状态出现时就是危机。危机是一种常态，不是偏差也不是疾病，而是正常人在经历情绪烦恼和行为阻碍时的一种挣扎状态。

老年危机事件给老年人的生活带来了很多威胁和困难，同时也会造成老年人在情感、心理、情绪等方面的各种问题，如失落、焦虑、消极、情绪低沉、迷茫等。在本次服务中，老人(李大爷)在生活中遇到了社会地位和角色的变化、老伴去世、自己突发重病等重大生活上的变故，子女不常陪伴，老人经常感到寂寞，导致其性情发生变化，出现情绪失调，从而给身体和心理带来危机。

二、介入过程

（一）开始阶段

1. 主要目标

在这一阶段，社会工作者的主要目标就是缓解老人精神上的压力，识别和评量老人出现的危机。

2. 识别与评估老年人危机

(1) 危机的来源

根据对老人问题的了解和与老人的面谈，社会工作者发现造成老人危机的主要原因有：

① 生理上的疾病，使老人对未来和健康生活失去信心；

② 老伴去世，子女经常不在身边，老人感到不被人关爱，减少与他人来往，造成老人出现心理问题。

但是，老人危机产生的最根本原因是其心理危机。因此，社会工作者在进行危机介入时，最主要的任务是对老人心理和情绪进行直接或间接的干预。

(2) 危机的程度

老人曾经有过自杀行为，虽及时被人发现，但目前的情绪状态极差，又出现厌食行为，老人在言语上也表达出了消极厌世的态度。

(3) 老人应对危机的能力

老人目前应对危机的主观意愿不强烈，甚至对自己抱有自我放弃的态度。

(4) 以往的解决方式和效果

老人对待问题采取消极、逃避的方式，其情绪一直处于消沉状态，问题一直未解决。

(5) 危机应对中的优势资源

① 子女是老人的主要依靠，为老人提供了强大的支持；

② 老人内心深处还是有自我改变的意愿的，社会工作者在危机介入中要充分发挥老人自身的潜能与优势，提高老人自我改变的能力；

③ 老人所在养老院的配合与支持。

3. 注意事项

在危机干预的过程中，社会工作者需要做到以下几点：

(1) 给老人提供一个可以倾诉、释放内心情绪与困苦的机会；

(2) 帮助老人重新建立一种自信心和能力感，让老人能够感受到自己被别人关怀；

(3) 帮助老人识别自己的情绪是一切正常人面临危机事件时表现出来的正常反应，减少老人怀疑自己、否定自己的负面情绪；

(4) 服务过程中，可以通过深呼吸和肌肉放松等技巧来缓解老人可能出现的紧张情绪；

(5) 社会工作者也要重视运用老人的社会支持系统进行干预服务，如子女、医护人员等，减轻老人的精神压力。

4. 社会工作者的任务和角色

(1) 主要任务

在开始阶段，社会工作者的主要任务是明确老人的危机事件，确定造成老人危机状态的根本原因和干预的主要方法。

(2) 扮演的角色

① 资料搜集者。社会工作者需要搜集导致老人出现危机的客观事件资料,为介入行动提供依据。

② 评估者。社会工作者对老人的危机事件进行评估,从而做出是否需要进行危机干预的判断。

(二) 干预阶段

1. 主要目标

进行危机调适,帮助老人从过去的生活或工作中找回自尊和荣耀,从而重新建立应对困难的信心。

2. 实施步骤

(1) 修正老人的认知。社会工作者需要让老人明白疾病没有那么可怕,帮助老人积极地面对疾病,增进其恢复健康的信心。

(2) 利用人生回顾法,帮助老人重新找回自尊和自信。社会工作者可以帮助老人制作人生历程回顾纪念册,标注老人人生中的重要积极事件,让老人口述事件的经过与过去的感受,在叙述的过程中重温情绪体验。此时,社会工作者要帮助老人辨识这一感受带给老人的自信和成就感。以此为突破口,增进老人对自己个人价值的肯定,并帮助老人在人生回顾中重新思考老年疾病与死亡问题。

(3) 积极说服老人接受治疗,并协助老人联系相关的医疗资源。同时,说服老人保持正常饮食,维持身体健康;

(4) 鼓励老人子女尽可能多参与对老人的照料,多与老人沟通,缓解老人内心的空虚感、孤独感与无助感,并鼓励老人与家人分享自己的想法;

(5) 协助老人积极接受养老院的生活照料与护理,缓解老人因身体患病与行动困难而产生的危机感。

3. 注意事项

(1) 注意定期检查老人的情绪和占支配地位的想法，对老人出现的负面情绪做出准确判断；

(2) 缓解老人压力的同时，对老人功能水平的恢复进行评估。

4. 社会工作者的角色

(1) 干预者。针对老人出现的危机事件，社会工作者根据严重程度，采取直接干预行为。

(2) 治疗者。针对老人危机状态出现的不良情绪反应，社会工作者扮演了治疗者的角色，及时诊断老人的心理问题，通过心理辅导帮助老年人恢复健康的心理状态。

(3) 倾听者。在这一阶段，社会工作者需要耐心地倾听老人的倾诉，引导老人宣泄不良情绪，对老人的不良情绪进行干预，从而达到行为控制的目的。

三、成效评估

对老人行为的改变情况进行评估，具体的指标以老人对饮食、医疗护理等生活照料和护理服务是否积极配合为参考。

第二节　理性情绪治疗

针对老人出现的不合理的情绪状态，以及存在的认知偏差，社会工作者采用理性情绪疗法纠正老人的非理性认知观念，并对其情绪进行疏导。

一、理论基础

理性情绪治疗的理论基础是情绪 ABC 理论，又称 ABC 理论，由美国心理学家阿尔伯特·艾利斯(Albert Ellis)提出,它是认知疗法的一种。该理论认为:人的情绪和行为障碍不是由某一激发事件直接引发,而是由经受这一事件的个体对它不正确的认知和评价所引起的信念引发。这就成了ABC理论的基本观点。在ABC理论模式中,A是指诱发性事件;B是指个体在遇到诱发事件之后相应产生的信念,即他对这一事件的看法、解释和评价;C是指特定情景下,个体的情绪及行为的结果。

艾利斯认为,人的情绪困扰表面上看是由客观事件造成的,但其实不然,人出现不良情绪困扰的最主要原因是个人对于客观事件所产生的主观解释和选择,是人的非理性信念即错误认知造成了情绪困扰。因此,要想解决情绪问题,就需要纠正其认知偏差。

二、问题发现

在本案例中,社会工作者了解到李大爷的情绪问题产生的主要原因是:

(1) 由于对养老院的误解而内心带有抗拒,所以才会出现入院的不适应;

(2) 过于夸大自身疾病,对于疾病持消极悲观的态度,认为“一病则百无用”,从而产生轻生的念头。

三、社会工作者的角色和任务

(1) 识别老人的认知和情绪问题,为老人提供情绪辅导,帮助老人摆脱情绪困扰;

(2) 协助老人获得子女及其他老人的尊重、理解与关怀;

(3) 帮助老人界定老年生活的价值,认识人生的意义,找回生活的信心;

(4) 对老人的认知与情绪问题进行评估与诊断,修正其非理性信念。

四、治疗目标

通过理性情绪疗法，帮助老人纠正错误认知，建立理性信念，纾解情绪困扰，从而缓解老人心理压力，增进其生活的信心。

五、治疗步骤

（一）确定引发老人情绪困扰的当前问题

社会工作者在为老人提供服务中，了解到老人情绪产生的主要问题是：

(1) 对自身疾病的恐惧与恢复健康的不自信；

(2) 老人对子女缺乏对其的照顾与关怀心存芥蒂，老人觉得无人关心自己，内心感到十分孤独；

(3) 老人对入住养老院存在个人偏见，认为被送进养老院，自己的子女不孝。

（二）识别老人的非理性信念

(1) 对机构养老存在错误认知；

(2) 对疾病过于夸大，因此对自己持否定态度。

（三）反驳老人的非理性信念

社会工作者在发现老人的非理性信念之后，通过与老人多次沟通与交流，与老人直接地进行辩驳，帮助老人澄清其错误认知，否定其非理性信念。

（四）做好理性功课

(1) 社会工作者根据老人出现的疾病，帮助老人学习相关的知识，了解疾病日常护理事项，让老人消除对疾病的恐惧感。

(2) 向老人详细介绍机构养老的重要性，给老人布置相关的作业，让其主动了解更多的机构养老的知识，从而逐渐消除其因对机构养老的不理解而产生的偏见。

（五）放弃自我评价

在这里主要是鼓励老人放弃消极的自我评价，社会工作者需要鼓励老人尝试向别人询问对自己的看法，包括子女、以前的同事、朋友等。其主要目的是鼓励老人勇于自我表露，修正对自己的认知。

六、效果评估

为了清楚地了解情绪问题解决的效果如何，社会工作者通过前后测的方法进行服务效果的评估，即将服务前老人对养老院和自身疾病的看法与态度作为前测指标，而将服务后老人对养老院、自身疾病的看法和态度作为后测指标。社会工作者可以观察到服务前后老人的认知观念发生了明显的改变，表明服务达到了预期效果（见表 12－1）。

表 12－1　效果评估

指　标	前　测	后　测
老人对养老院的态度与看法	对养老院存在偏见，认为子女将其送进养老院是不孝的行为，行为上存在抗拒	通过对养老院及机构养老的更多了解，老人对院内生活明显不再排斥，愿意积极配合院内人员的照料工作，也逐渐恢复正常饮食
老人对自身疾病的态度与看法	对疾病存在恐惧感，不敢正视自己的疾病，认为“一病百无用”，对未来的生活失去信心	通过对疾病的深入认识，老人开始正视自身疾病问题，接受老年疾病给自己带来的影响，也开始对自己的健康恢复抱有信心

第三节　改善家庭关系

在本次服务中，社会工作者了解到老人与其子女的关系出现了矛盾，尤其是与儿子的关系比较差。为此，社会工作者需要通过改善老人的家庭关系，改善老人与其子女的关系，让老人能够从子女处感受到关爱，也有利于其情绪的平复与心理健康。

一、理论基础

结构式家庭治疗模式，是将发生在个人身上的问题放置在家庭关系中进行分析和理解，通过对家庭结构的重建、对人际界限的澄清，使家庭成员能够以自由、良性的模式进行沟通的一种治疗模式。结构式家庭治疗模式认为个人的问题只是表象，家庭问题才是导致服务对象问题的真正原因，因此需要对家庭关系的介入来解决服务对象的问题。

二、问题发现

服务对象（李大爷）的家庭出现了纠缠与疏离，家庭结构也发生了相应的改变。在服务中，社会工作者了解到老人的老伴去世，自己进入养老院之前一个人生活，子女都各自成家，之前的家庭结构遭到了破坏，老人的内心出现失衡感。加之，老人患有多种老年疾病，现在突发重病，生活基本上不能够自理，需要亲人的关怀与照料。然而，子女经常忙于工作，没有时间照顾老人，老人就子女将其送往养老院生活而与他们发生争执，家庭关系出现了疏离，老人对子女产生了一些错误认识，比如认为子女不孝顺。

三、开展过程

（一）进入

社会工作者首先要进入老人家庭生活环境中去，与老人的家庭成员进行接触，亲身感受老人的家庭关系以及给老人带来的影响，更多地获取相关资料。

1. 与老人进行会谈

在服务初期，社会工作者通过养老院的协助已经成功地与老人进行了一次面谈，了解了老人对其子女的看法、老人与子女目前的关系。

2. 与老人子女取得联系

社会工作者通过养老院获取了老人子女的联系方式，并通过电话与其儿子预约了谈话时间。在第一次与老人儿子的接触和谈话中，社会工作者了解到老人的儿子对老人的关心以及愧疚感，尤其是对上次给老人强行喂食事件深表歉意。老人的儿子表示，很想向父亲道歉，但又不知该怎么开口。

（二）评估

社会工作者就对老人家庭成员的了解，对其家庭关系做了大致评估：

（1）老人与子女缺乏正确的沟通方式，导致老人对子女的误会；

（2）子女经常忙于工作，缺少对老人的关心和照顾。

（三）介入

1. 提前联系老人子女，与老人进行会谈

社会工作者计划安排一次老人与子女的面谈，在面谈过程中社会工作者积极引导老人向子女倾诉自己的情绪和想法，与子女进行当面交流，鼓励子女积极做出解释，澄清老人对子女的误解。同时，社会工作者鼓励其儿子为强行喂食事件向老人道歉。

以下是截选的会谈内容的一个片段：

社工：李先生（老人的儿子）、李女士（老人的女儿），你们这段时间工作还忙吗？

李先生：还好。不过再忙也得抽个时间过来。

李女士：是的。

李大爷：看来你们也没有这么忙嘛。

社工：李大爷，您别这么激动，我这次请您儿子和女儿来是想要化解你们之间的误会的，我建议您还是先听听他们怎么说。

李先生：爸，您这说的什么话，我平时工作多忙，您是知道的啊。我知道您还在怪我们把您送进养老院，可我们不是都跟您说了嘛，我和倩(李大爷的女儿)不是不想照顾您，实在是因为没有时间。您现在身体不好，又需要人照顾，我们白天要上班，有时候还要到外地出差，我们最主要的还是担心您的身体，所以再三思量之后，把您送到这儿交给专人照顾，我们才放心啊。

李大爷：我都这样了，不就是想子女多陪在身边，能有一天算一天嘛！(老人有点儿哽咽)

李先生：对不起，爸！

李女士：爸，您别这样。您这样，我们也挺难过的。

李大爷：你们知道难过还这样做?

李先生：爸，对不起！我上次不应该强行给您喂饭的，我不知道怎么了，劝您，您又不听，我当时太急了，做错了事，伤害了您，我向您道歉！

李女士：对啊，爸。我哥他知道错了。

社工：我可以证明的，之前我在和李先生聊天过程中他也向我说明了他的愧疚，我能感觉到他对此事件也一直耿耿于怀。

在会谈过程中，社会工作者积极引导老人和子女共同回忆过去一家人快乐和幸福的时光，缓解双方之间的紧张关系，帮助老人重温家庭的温暖。

2. 与其子女制订看望计划

社会工作者与老人子女共同协商，制订看望计划，每周一次来养老院看望老人。社会工作者还鼓励其子女多抽出时间与老人沟通交流，减少老人内心的孤独感，舒缓老人的心理压力，让老人能够感受到来自家庭的关怀。

四、服务评估

（一）社工评估

老人与其子女的矛盾暂时得到了缓和，后期还需要老人与子女之间有持续的沟通与相互理解，包括子女经常看望老人，多表现出对老人的关心，老人与子女的关系才会慢慢好转。

（二）服务对象评估

经过社会工作者的努力，老人与其子女的关系明显得到了好转。在与子女的会谈后，老人的心情明显顺畅了很多，情绪也得到了明显的改善，老人逐渐开始接受机构生活。

第四节　重建支持网络

老人在入住养老院后，进入了一个全新而又不熟悉的环境，原有的社会角色和社会关系也发生了变化。面对机构内的陌生人，老人出现了难以适应的状况，与院内的其他老人也缺少交往和了解，老人表现出了不愿与人接触、情绪低沉、经常与同住老人发生矛盾等情绪化反应。

为了帮助老人更好地适应机构生活，重新构建老人在院内的社会支持网络，同时，也为了满足院内老人们的群体归属感需求，社会工作者利用小组活动的形式，通过鼓励老人增加与院内其他老人的互动，增进彼此的了解，消除老人与他人的误会和矛盾，为老人创造一个快乐、和谐的生活环境。

一、小组前期阶段

（一）了解老年人的需要

（1）身体健康与应对疾病的需要；

（2）精神慰藉与情感支持的需要。

（二）招募小组成员

小组成员的特征：患有老年疾病的入住老年人，并具有一定的自理能力。

小组成员人数：6～12 人。

（三）制订小组计划

制订小组计划，是对小组活动开展的有效安排，包括小组的名称、性质、小组目标、小组活动、可能出现的困难与应急处理、评估方法等内容。表 12－2 为小组工作计划书。

表 12－2　小组工作计划书

1. 小组的名称：牵手夕阳，健康互助小组
2. 小组的性质：老年人互助小组
3. 理论基础：互惠理论 利用小组成员自己的资源作为支持，在沟通与互动中相互影响，实现组员态度与行为的转变并解决环境问题，创造相互帮助、共同成长的学习机会，重塑其社会支持网络
4. 小组的目标： （1）丰富老年人的业余生活，提高老年人人际交往的积极性； （2）增进院内老年人的联结，使服务对象（李大爷）能够新交到朋友； （3）使院内老年人能够形成互帮互助的氛围，帮助服务对象舒缓精神压力，得到来自同辈群体的情感支持； （4）辅导老年人学习老年疾病的相关知识，增强他们应对疾病的信心
5. 小组活动安排： 第一节小组主题：破冰之旅； 第二节小组主题：健康我行；

续 表

第三节小组主题：一人一故事； 第四节小组主题：生命之最； 第五节小组主题：明天会更好； 第六节小组主题：离别之歌
6. 可能出现的困难与应急处理： 困难： (1) 组员之间可能出现沉默； (2) 活动过程中，组员可能会产生厌倦情绪，产生躁动； (3) 组员之间发生冲突和意见不合； (4) 组员迟到或者缺席； (5) 由于组员的特殊性，可能会出现老年人突发疾病的危险。 应急处理方式： (1) 工作人员要灵活把握组员（老年人）的心理状态，运用开场白打破小组沉默期； (2) 尽量简化工作程序，避免烦琐与纠缠； (3) 做好小组工作前的准备； (4) 工作人员及时发现组员间的冲突，促进组员间的沟通，消除矛盾； (5) 事前与组员达成一致意见，提前一天通知组员活动的时间和地点； (6) 社会工作者应做好急救预案，准备好药箱，小组时间不宜过长，时时观察老年人的动态，如发现异样，及时询问
7. 评估方法： 组员评估；社工评估；督导评估
8. 经费来源： 主要经费由养老院提供

二、小组开展阶段

为了增进院内老年人之间的互动与互助，以及帮助服务对象（李大爷）解决其存在的人际关系和交往问题，社会工作者联系和组织院内的老年人们开展了 6 次小组活动，包括组员相互认识、学习健康知识和分享各自故事以及促进组员互助等，增进了老年人之间的情感互动和互助行为，从而帮助院内老年人（尤其是服务对象）重建并强化院内社会支持网络。

（一）第一节小组活动——“破冰之旅”

活动日期：××××年××月××日　　　　活动时间：40分钟
活动地点：院内社工室或者团体活动室　　　　主持人：社会工作者

<table>
<tr><td>小组目标</td><td colspan="4">(1) 介绍小组目标；
(2) 小组成员相互认识与了解；
(3) 打破组员间的尴尬与沉默</td></tr>
<tr><td rowspan="6">小组活动</td><td>活动内容</td><td>所需时间</td><td>准备材料</td><td>备　注</td></tr>
<tr><td>主持人做一个简短的开场白，向组员介绍小组目标，并简单介绍一下游戏规则</td><td>5分钟</td><td>桌、椅</td><td>主持人介绍完后，记录员发放纸片</td></tr>
<tr><td>游戏规则：
(1) 组员坐成一圈，坐好后，要求每位组员将自己的姓名、年龄、兴趣爱好、自认为最得意的一件事情写在工作员发给他们的纸片上</td><td>5分钟</td><td>纸、笔</td><td>对于不识字的组员，由小组记录员按照老年人要求代写和代读</td></tr>
<tr><td>(2) 写完之后将纸条折合，每位组员按照逆时针方向将自己手中的纸条传递给自己右手边的组员，依次下去，每位组员手中都有上一个组员的纸片，全部组员传递完成后，组员打开自己手中的纸片阅读纸片上的内容</td><td>5分钟</td><td>无</td><td>老年人不识字的话，由小组记录员帮助老年人讲解</td></tr>
<tr><td>(3) 这个时候每位组员手上拿到的是另外一位组员的纸片。主持人要求组员按照顺时针方向做介绍，首先邀请组员A来做自我介绍后将纸片递给组员B(B为A左手边第一人)，A向大家介绍B。介绍完之后A和B相互间握手，并说：“很高兴认识你！”然后B将其手中的纸片递给组员C并做相同的介绍，依次类推……整个介绍环节工作完毕。(每一对组员完成介绍后，在座的其他组员鼓掌表示鼓励)</td><td>20分钟</td><td>无</td><td>主持人积极引导小组成员做出反应，促进整个组员间的互动</td></tr>
<tr><td>(4) 活动即将结束时，主持人要对此次活动进行总结</td><td>5分钟</td><td>无</td><td></td></tr>
</table>

续　表

小组总结	游戏结束后，主持人鼓励组员表达自己参与此次活动的收获，同时，将有相同兴趣爱好的组员们分类，并且告知他们有共同兴趣爱好的同伴，建议他们今后可以多多交流
社工总结	组员能够投入到小组活动中，自我介绍环节都能够大方地做自我介绍和介绍他人。在活动过程中，相邻的组员还相互交谈。但是，也存在着个别组员比较拘谨，参与活动的积极性不高
下次活动安排	社工提前告知组员下次活动开展的时间和地点，以及活动的主题，并布置作业让组员收集相关的资料和信息，用于下次活动时分享

（二）第二节小组活动——“健康我行”

活动日期：××××年××月××日　　　　活动时间：50分钟

活动地点：院内社工室或者团体活动室　　　　主持人：社会工作者

小组目标	（1）帮助组员学习老年疾病的相关知识； （2）引导组员正确认识老年疾病及其带来的影响； （3）鼓励组员讲述自己的健康小常识，形成组员内部的健康意识			
小组活动	活动内容	所需时间	准备材料	备　注
	（1）主持人向组员问好，并鼓励组员间相互打招呼，询问组员私下是否有交流。了解后，主持人介绍本次活动的主题	5分钟	无	记录员记录组员开始的反应
	（2）主持人向小组放映有关老年疾病预防与治疗的相关录像。观看结束后，告知组员中场休息10分钟，休息结束后，组员就录像表达自己的观后感	10分钟	放映机、投影仪、录像带等	记录员协助行动不便的组员离场，并做好安全工作
	中间休息10分钟			
	（3）休息结束后，组织组员回到小组活动中来，并积极鼓励组员表达观后感	10分钟	无	记录员协助组员进场，记下发言组员的感想
	（4）发言结束后，主持人积极引导组员分享自己日常生活中的健康小细节	20分钟	无	记录员做相关记录
	（5）活动即将结束时，主持人对此次活动进行总结	5分钟	无	

续　表

小组总结	社会工作者鼓励老年人说出本次活动带来的收获，尤其是自己学到了哪些新的健康小知识，同时询问组员对于小组活动有哪些期望。社会工作者向组员总结此次活动取得的成效以及下次小组活动需要解决的问题
社工总结	游戏结束后，组员获得了有关老年疾病的更多信息，提高了对自身疾病的客观认识，有利于逐渐消除因未知对自身疾病的恐惧感
下次活动安排	提前告知组员下次活动时间和地点以及活动的主题，鼓励老年人回忆以往生活中的重要事件，用于下次活动时分享

（三）第三节小组活动——“一人一故事”

活动日期：××××年××月××日　　　　活动时间：40分钟
活动地点：院内社工室或者团体活动室　　主持人：社会工作者

<table>
<tr><td>小组目标</td><td colspan="4">(1) 通过鼓励组员回忆人生中的重要事件，分享个人情感，引起组内共鸣，进一步加强组员间的情感交流；
(2) 通过回顾往事，帮助组员增强自信和对自我的肯定，减少消极情绪</td></tr>
<tr><td rowspan="5">小组活动</td><td>活动内容</td><td>所需时间</td><td>准备材料</td><td>备　注</td></tr>
<tr><td>(1) 主持人简单地介绍本期的活动，并简单回顾上期活动</td><td>5分钟</td><td rowspan="4">电脑、投影仪、桌椅、制作的PPT</td><td rowspan="4"></td></tr>
<tr><td>(2) 确定本期的活动主题，播放与主题相关的PPT，鼓励组员积极回忆往事</td><td>10分钟</td></tr>
<tr><td>(3) 邀请个别老年人讲述自己的人生故事，在讲述过程中，社会工作者可以引导其他组员进行询问或表达他们自己的感受，及时表达他们的同感</td><td>20分钟</td></tr>
<tr><td>(4) 活动即将结束时，主持人对此次活动进行总结</td><td>5分钟</td></tr>
<tr><td>小组总结</td><td colspan="4">刚开始部分组员对于分享自己的故事比较介意，但是个别的组员比较积极主动，从而带动了整个的小组氛围，其他组员的情绪逐渐被带动起来</td></tr>
<tr><td>社工总结</td><td colspan="4">通过组员故事的分享，组员在情感上产生共鸣，组员间的关系明显加强；组员间情感的分享，也使得组员获得了情感支持</td></tr>
<tr><td>下次活动安排</td><td colspan="4">提前告知组员下次活动的时间和地点</td></tr>
</table>

（四）第四节小组活动——“生命之最”

活动日期：××××年××月××日　　　　活动时间：50分钟
活动地点：院内社工室或者团体活动室　　　主持人：社会工作者

<table>
<tr><td>小组目标</td><td colspan="4">(1) 鼓励组员再次分享自己生命中最为看重的事，引导组员正视自己的各种情绪问题；
(2) 协助组员之间相互建立支持网络，鼓励共同解决组员面临的困难；
(3) 巩固上一期的活动效果，进一步加强组员的联系</td></tr>
<tr><td rowspan="7">小组活动</td><td>活动内容</td><td>所需时间</td><td>准备材料</td><td>备　注</td></tr>
<tr><td>(1) 主持人简单地介绍本期的活动，并对上期活动简单做下回顾</td><td>5分钟</td><td rowspan="3">桌椅、纸、笔、彩笔</td><td rowspan="3">不识字的组员自己叙述，记录员代为填写，在填写过程中，记录员要如实填写，不能添加自己的主观感受；
情感温度计由具有情感色彩的词组成，包括正面的词语和负面的词语，词语越是积极，其情感温度越高（用彩笔的暖色调表示），反之，情感温度越低（用冷色调表示）；
主持人要注意各个组员在分享过程中的批评或其他语言攻击现象，控制现场的秩序，预防情绪激动导致的疾病发作</td></tr>
<tr><td>(2) 主持人向组员讲解本次游戏的规则：本次游戏为“情感温度计”，为每位组员发放一张纸，纸上写着“我的生命中最________”，组员在纸上填写自己认为生命中最重要的人或事等，并交给记录员，由记录员根据内容提炼出情感词，并将相应的纸片贴至“情感温度计”上</td><td>10分钟</td></tr>
<tr><td>(3) 组员查看“情感温度计”上面的正面和负面情绪状况，请各个组员分享自己的感受</td><td>10分钟</td></tr>
<tr><td colspan="4">中间休息10分钟</td></tr>
<tr><td>(4) 重新发给组员一张白纸，请组员将自己生活中遇到的困难写在纸上，交给主持人，主持人收集后读出，请组员共同谈论应对策略</td><td>20分钟</td><td rowspan="2">白纸、笔</td><td rowspan="2">不识字的组员自己叙述，记录员代写</td></tr>
<tr><td>(5) 活动即将结束时，社会工作者对此次活动进行总结</td><td>5分钟</td></tr>
<tr><td>小组总结</td><td colspan="4">经过上一次的小组成员故事分享后，本次小组活动大家的主动性明显得到提高，成员之间的关系变得更加紧密</td></tr>
</table>

续　表

社工总结	组员故事的分享，使组员情感上产生共鸣，同时也协助组员解决面临的问题，从而提高组员解决问题的能力，促进组员间的支持与互助行为
下次活动安排	提前告知组员下次活动的时间和地点

（五）第五节小组活动——“明天会更好”

活动日期：××××年××月××日　　　　活动时间：40 分钟

活动地点：院内社工室或者团体活动室　　　主持人：社会工作者

<table>
<tr><td>小组目标</td><td colspan="4">(1) 鼓励组员通过想象，消除不良情绪困扰，增强组员对未来生活的信心；
(2) 形成互助小组，鼓励组员直接相互关怀与慰藉</td></tr>
<tr><td rowspan="6">小组活动</td><td>活动内容</td><td>所需时间</td><td>准备材料</td><td>备注</td></tr>
<tr><td>(1) 主持人简单地介绍本期的活动，并对上期活动简单做下回顾</td><td>2 分钟</td><td rowspan="4">桌椅、纸、笔、空白卡片</td><td rowspan="5">在活动中，社会工作者要减少对小组的干预，积极发挥组员的沟通与交流，让组员清楚认识到小组解决问题的能力，巩固小组取得的成就</td></tr>
<tr><td>(2) 鼓励组员想象一下未来的健康生活，表达其对这一想象的感受</td><td rowspan="3">35 分钟</td></tr>
<tr><td>(3) 帮助组员找出不利于健康生活的因素有哪些，进一步询问其为了实现自己所想应该怎么做；鼓励组内成员建言献策，帮助组员找出自己的错误认知和不良情绪</td></tr>
<tr><td>(4) 组员共同商讨，社工协助组员制订健康计划，并制作健康小卡片</td></tr>
<tr><td>(5) 活动即将结束时，社会工作者要对此次活动进行总结</td><td>3 分钟</td><td>无</td></tr>
<tr><td>小组总结</td><td colspan="4">经过五次小组活动，组员之间的关系得到了加强，小组也具有了一定的解决问题的能力</td></tr>
<tr><td>社工总结</td><td colspan="4">通过自由联想的方式，让组员想象未来的美好生活，鼓励其从愿望中找回希望。同时，社会工作者有效地针对组员出现的问题，让组员认识到现在的问题不利于其所想的实现，让组员认清自己该如何做。鼓励小组内组员的互动与共同参与，促进组员之间形成互助行为，从而缓解个体压力与孤独无助所产生的负面影响</td></tr>
<tr><td>下次活动安排</td><td colspan="4">提前告知组员下次活动的时间和地点以及小组的结束，让组员提前做好心理准备</td></tr>
</table>

（六）第六节小组活动——“离别之歌”

活动日期：××××年××月××日　　　　活动时间：40分钟
活动地点：院内社工室或者团体活动室　　　　主持人：社会工作者

<table>
<tr><td>小组目标</td><td colspan="4">(1) 处理组员的离别情绪；
(2) 帮助服务对象(李大爷)回忆在小组活动过程中的进步与改善；
(3) 提高小组凝聚力，让组员感受到互助的重要性，鼓励成立自组织的互助小组</td></tr>
<tr><td rowspan="6">小组活动</td><td>活动内容</td><td>所需时间</td><td>准备材料</td><td>备注</td></tr>
<tr><td>(1) 主持人向组员介绍小组取得的成果，介绍本次活动是最后一次活动，小组活动即将结束</td><td>2分钟</td><td rowspan="5">编绳、剪刀、空白卡片、笔</td><td rowspan="5">在最后一期活动结束时，社会工作者可以要求组员对小组活动进行评价，从而了解小组已取得的成效及组员的满意情况</td></tr>
<tr><td>(2) 社会工作者教授组员编织工艺品，组员展示自己的劳动成果，工作人员鼓励组员将编织物送给自己最想送的其他组员</td><td rowspan="3">35分钟</td></tr>
<tr><td>(3) 鼓励组员表达自己参加小组的感受与想法</td></tr>
<tr><td>(4) 发放空白卡片，请组员在卡片上写祝福语，送给其他组员</td></tr>
<tr><td>(5) 社会工作者对整期的活动做工作总结，并宣布小组结束</td><td>3分钟</td></tr>
<tr><td>小组总结</td><td colspan="4">小组组员之间的关系得到了加强，通过活动的形式结束小组服务，使组员共享劳动能成果，从而缓解了小组活动结束给组员带来的不良情绪</td></tr>
<tr><td>社工总结</td><td colspan="4">社会工作者慎重处理小组活动结束期组员的不良情绪，帮助组员巩固已取得的成果，让组员感受小组成果的快乐，从而冲淡因小组活动结束而带来的悲伤情绪。同时，积极引导组员之间建立自发的互助关系，在以后的机构生活中形成良好的人际支持网络</td></tr>
</table>

三、小组评估

（一）社工评估

通过6次小组活动，服务对象(李大爷)从一开始不愿与他人交流和来往到逐渐喜欢与人交谈，也与院内的老人变得熟络起来，服务对象的情绪明显得到了好转，一个人静坐的时间和次数逐渐减少。

（二）服务对象评估

服务对象（李大爷）在小组中结识了3个好朋友，他们很关心服务对象的身体健康，也经常与其谈心。目前，李大爷表示自己现在比以前开心了很多。

（三）督导评估

经过社工评估和服务对象的反馈，可知本次小组活动取得了一定的成效。

第五节　提供个案管理

针对服务对象出现的复杂问题，需要多个服务主体共同提供服务才能解决问题时，社会工作者就需要利用个案管理的方法为服务对象提供全面而综合的服务。通过计划与安排，社会工作者协调不同服务机构所提供的服务，并把这些服务和资源与服务对象进行有效的链接。

一、评价

（一）老人的问题

在前期服务过程中，社会工作者了解到老人目前遇到的问题有以下几点：

（1）生理方面：老人患有冠心病、高血压和肺病，半年前突发脑梗死，导致半身不遂，长期坐轮椅，平时需要长期服药。因此，老人需要全面的长期照护服务。

（2）家庭方面：因为入住养老院的事情，老人与子女发生过争执，老人认为子女把自己送进养老院是不孝。加之，因老人刚入院时出现了厌食行为，儿子给老人强行喂食，导致老人与儿子之间关系更加紧张。

（3）生活方面：老人具有半自理能力，个性要强，很难融入机构生活中。

（4）心理方面：老人性格变得较为孤僻，不喜欢与机构内其他老人来往；老人时常感到孤独，情绪消沉，缺乏自信，经常思念老伴，有过自杀倾向。

（5）认知方面：老人对入住养老院存在认知偏差，认为自己被送进养老院很没面子，子女也很不孝；老人觉得自己患了一身病，活着自己受罪，还连累别人，对生命抱消极态度和想法。

（6）人际关系方面：入住养老院以来，老人与院内其他老人交往较少，人际关系较为紧张；老人的人际交往圈正逐渐缩小。

（二）老人需要的服务

所需服务	服务涉及主体
医疗服务	老人就诊的医院，包括负责的医生和护士
生活照料与护理服务	养老院护理人员
康复服务	机构康复师
家庭的关怀	老人的子女
心理与情绪辅导	心理咨询师
良好的生活环境与人际关系	养老院内工作人员及其他入住老人
协调管理服务	社会工作者

二、计划

社会工作者与老人及各服务提供主体协商之后，共同制订个案管理服务计划：

（1）解决老人生理疾病的问题，帮助老人合理科学用药与配合医院治疗；

（2）帮助老人尽快适应养老院的生活，习惯院内的日常照料服务；

(3) 帮助老人进行日常肢体的康复训练，促使其肌肉和神经功能的恢复；

(4) 改善老人与其子女之间的关系，增进双方的沟通与交流；

(5) 为老人提供心理辅导服务，为老人提供情绪宣泄的渠道，正确处理老人的不良情绪，解决心理压力，从而改变其轻生的念头，帮助其树立乐观、自信的生活态度；

(6) 帮助老人构建良好的人际关系，增强老人的社会支持网络。

三、资源链接与整合

需　求	资源链接与整合
疾病问题	联系老人经常就医的医院与负责医生，了解老人的病情以及用药记录与身体状况，协助老人定期做病情复查，对老人的健康状况做好时时把握
生活照料问题	协助院内工作人员为老人制订满意的日常生活照料服务计划
肢体康复	联系机构内康复师，根据老人身体健康状况，制订肢体康复训练计划，增强老人对健康恢复与应对疾病的信心
子女关系	联系老人的子女，要求其子女定期看望老人，多与老人谈心交流，让老人充分感受到来自家人的温暖与关怀
情绪疏导	社会工作者在服务过程中，为老人提供情绪宣泄的机会，帮助其进行情绪疏导；同时，社会工作者应鼓励护理人员在照护期间多与老人"谈谈心""开导老人"；根据老人的心理情绪严重程度，如有必要，联系专业的心理咨询师，对老人进行心理辅导，舒缓老人的心理压力，增强老人应对危机的能力，帮助老人正确认识自身疾病问题，树立积极乐观的人生态度
社会支持	与和服务对象同住的老人取得联系，帮助消除双方的误解与矛盾，鼓励服务对象与室友老人多沟通交流，同时取得院方的配合，为老人创造一个良好的生活和社交环境

四、监督

在个案管理服务中，社会工作者承担着管理者的角色，所以在整个服务进程中需要注意监控老人的变化。同时，对各服务主体所提供的服务进行监督，从而评估服务提供的质量与效果。监督的形式应包括但不限于以下方面：

（1）定期或不定期地与各服务主体对服务工作内容和老人的状况进行总结与讨论；

（2）社会工作者向老人进行询问，由老人陈述自己接受的各项服务的实际情况。

五、服务评估

（1）老人目前没有出现疾病复发的症状，老人正常用药；

（2）老人目前有专业的护理员提供日常生活照料；

（3）经过一段时间的康复训练，老人的肌肉神经功能有所恢复；

（4）老人与子女关系得到了改善，子女履行了定期看望老人的约定；

（5）经过情绪疏导，老人的情绪状态明显乐观了很多，对人、对事不再那么悲观、消极；

（6）老人与室友的关系有所缓和，老人也逐渐主动与人交谈。

第十三章

评估与结案

介入服务完成之后，社会工作者需要就本项服务开展评估工作，并进行结案服务。评估可以有效地检查社会工作服务介入的效果，以及反思服务介入的成败得失，为养老机构社会工作服务提供实务经验总结。在评估完成后，社会工作者需要终结本案或者进行转介。

第一节　评　　估

一、过程评估

（一）服务对象方面

在经过多次沟通之后，社会工作者与服务对象建立起了专业关系，逐步取得了服务对象的信任。通过了解服务对象的资料信息以及与其接触谈话，社会工作者可以深入发现服务对象存在的问题，并积极寻找各种资源为其提供服务。针对服务对象出现的问题，社会工作者进行了五个阶段的介入工作，并对各阶段的服务进行了过程评估。在全部服务过程结束之后，服务对象的问题在很大程度上已经得到解决，一些理性情绪也开始取代之前的非理性情绪和行为。服务对象的能力也得到了提升。

（二）社会工作者方面

在整个服务过程中，社会工作者的服务水平还有待提高，具体表现在面谈时常常因为缺乏理论的指导而陷入无所适从的困惑当中。但是，社会工作者的坚持与耐心，也让服务取得了一定效果。

二、效果评估

在整个介入服务结束后，服务的整体目标基本实现，服务取得了实际效果。服务对象对于此次服务很满意，服务对象的情绪状态和行为与服务前相比有了明显的改变。

第二节 结 案

一、结案原因

在评估之后，社会工作者认为服务计划所列的服务目标已经基本完成，老人的问题也在很大程度上得到解决，老人独立处理问题的能力有所提升，所以社工决定结案。具体表现在：

（1）老人与其子女的关系明显改善。

（2）老人对养老机构有了深入的了解，对机构养老不再排斥。同时，在社工的帮助下，老人逐渐适应机构生活。

（3）老人目前的情绪状态较好，愿意与人交往和倾诉自己的内心想法，对自身的疾病也有了正确认知，不再一味地抱怨和消极厌世。

二、结案时的任务

（一）结案时的主要任务

（1）提前告知老人结案的时间，让其做好准备；

（2）总结服务工作；

（3）协助老人回顾工作过程，帮助其巩固已有的改变；

（4）正式解除专业关系；

（5）做好结案记录。

（二）结案会谈

社会工作者为了与老人做好结案工作，决定进行一次结案会谈，正式解除专业关系。在会谈过程中，社会工作者要做的就是帮助老人回顾已经取得的成果，巩固其获得的改变，同时也要处理好结案情绪，做好结案工作。

以下是社会工作者与李大爷进行结案会谈时的一段对话：

社工：李大爷，您最近身体怎么样啊？

李大爷：挺好的啊。

社工：看来您今天心情不错啊，听说昨天您儿子又来看您来了？

李大爷：哈哈，是的呀。他最近对我倒是挺关心的。

社工：看来你们的关系变得不错哟！

李大爷：还行。（李大爷有点不好意思了）这多亏了你的关心哟。

社工：对了，上周我和您谈过这次服务是我们最后一次正式见面了吧？您的问题我们都已经按原计划解决了，所以后面我们就很少有这种交谈了，也就是说可以结束这种专门服务了，结案了。

李大爷：说过。（李大爷情绪一下子沉重了许多，思量了片刻说道）可以不结案吗？或者迟些日子结案也行啊。

社工：您看您之前的问题都解决了，目前的状态也挺好的，自己都可以独立处理一些问题了，比之前进步不小哦！（社工用鼓励的语气帮助老人增强信心）

李大爷：可是……（李大爷低下了头）我还是觉得如果没有你，我感觉自己能力不行，我怕……

社工：（社工一只手放在李大爷肩上，安慰老人）我很理解您现在的心情，您要对自己充满信心啊。不过，您也放心，虽然这次是对整个服务进行结案，但是我们日后还是会见面的啊。如果您在院里遇到了什么困难或者有什么困扰之类的，都可以来找我的，我还是很乐意帮助您的啊。（社工微笑着对李大爷说）

李大爷：真的吗？我们以后还可以见面吗？

社工：（社工点头）可以的。

李大爷：嗯，那就好。

续　表

(8) 进一步识别并评估老人的情绪问题和危及生命安全的行为问题，采取情绪疏导、心理紧急援助和身体保护等工作，使老人摆脱绝望心理，放弃轻生的念头。

3. 服务计划

(1) 选择服务方法

① 个案工作方法。社会工作者针对老人出现的问题，在提供专业服务的过程中采用个案工作方法，帮助老人解决其认知问题、心理情绪问题、家庭关系问题。

② 小组工作方法。社会工作者可以利用小组的形式，在养老机构开展活动，促进服务对象与其他老人之间的交流，帮助其适应院内生活，解决其社会交往问题。

③ 个案管理。针对老人出现的多种疾病问题，社会工作者在服务工作中需要联络多个服务主体帮助老人，包括医生、护士、护理员、院内管理人员、心理咨询师等，并做好服务的协调工作。

(2) 选择介入系统

根据对老人的问题及其社会关系和支持资源的了解，社会工作者决定选择以下社会系统作为此次服务的介入系统：

① 家庭成员(老人的子女)；

② 老人所处养老院；

③ 养老院内其他入住老人；

④ 医护人员。

(3) 确定服务策略

① 对老人进行危机介入，帮助老人宣泄消极情绪，给予精神支持；

② 联络老人周围的现有资源，促进老人发生自我改变；

③ 通过小组活动的形式，缓解老人与院内其他老人之间的紧张关系；

④ 协调和链接各类服务资源，为老人提供全面的专业化服务

(七) 介入过程

1. 进行危机干预

针对老人的厌食行为和轻生念头，社会工作者利用危机干预理论，对老人进行危机介入，缓解老人的危机感。

2. 进行情绪疏导，帮助老人树立正确认知

老人目前的情绪十分消极、低沉，由于自身疾病的影响和老人内心的孤独感，老人性情大变，对未来的生活产生绝望感。因此，社会工作者运用理性情绪疗法，消除老人的不良情绪，改变老人存在的错误认知，帮助老人积极乐观地面对困难。

3. 改善老人与子女的关系

社会工作者的主要任务就是缓解老人与子女之间的关系，利用结构式家庭治疗模式，指出家庭问题及产生原因，帮助老人与子女进行面谈，鼓励老人表达自己的不满，促进老人与子女间的沟通和交流。同时，与子女达成协议，鼓励子女定期看望老人，让老人能够感受到来自子女的关爱和照顾。

4. 帮助老人尽快适应机构生活，重组其社会支持网络

为了让老人能够很好地适应机构生活，改善与院内其他老人的关系，社会工作者通过开展小组活动，增进老人与其他老人间的互动与沟通，增强互助，鼓励形成自发的互助小组，帮助其重组社会支持网络。

续　表

5. 为老人提供个案管理服务，促进老人健康恢复 老人目前存在着疾病问题、心理和情绪问题，需要接受多重服务，因此，社会工作者需要联系各个服务主体，协调多种服务，进行个案管理工作，促进老人更好地得到照料
（八）服务评估 在整个介入服务结束后，服务整体目标基本实现，服务取得了实际效果。服务对象对于此次服务很满意，服务对象的情绪状态和行为与服务前相比有了明显的改善
（九）服务反思 在整个的服务过程中，社会工作者对服务对象（李大爷）出现的一系列反应做出了积极回应，让老人感受到了尊重和接纳，取得了老人的信任；同时，社会工作者整合了多种资源为老人提供服务，协助老人适应养老院内生活，改变老人的认知观念，消除老人出现的不良情绪困扰等问题。 在结案阶段，老人表现出了对社会工作者的不舍与依赖，社会工作者需要处理好老人的情绪反应，要避免服务结束后老人问题的再次出现，在服务结束一段时间后，及时跟进，确认老人是否能够自己独立解决问题以及是否能够处理好不良情绪

第三节　跟进服务

在结案结束一段时间后，社会工作者决定对老人进行回访服务，对老人情况做一个后续追踪，从而评估服务介入的效果是否最终实现。针对跟进服务，社会工作者做了四次跟进计划，并绘制成跟进服务表，具体内容见表 13 - 2。

表 13 - 2　跟进服务记录表

时间	跟进方式	信息来源	社会工作者	服务对象的状态	社会工作者评价
结案一周后	与老人面谈	老人	王芳（化名，下同）	老人目前的精神面貌很好，变得很健谈，并且表示自己的生活有专门的护理员照料，自己有时候会和其他老人聊聊天，院内的一些活动偶尔也会去看看	服务对象自我解决问题的能力得到了维持，结案后一周内老人的状态较好，未出现其他问题

续 表

时间	跟进方式	信息来源	社会工作者	服务对象的状态	社会工作者评价
结案半月后	向老人子女询问老人的现状、向负责护理员、医生、康复师询问老人目前的身体状况	子女、医生、康复师、护理员	王芳	老人现在基本不再向子女抱怨，在子女来看望时，老人总是表现得很开心，与子女的关系好转；老人目前的饮食状况已恢复正常，也愿意接受子女提出的一些建议；老人现在积极配合医生的治疗，定期参加康复训练指导，并且对自己的恢复有了一定信心	老人与子女的良好关系继续维持，情绪明显好转，有了自我改变的信心，目前没有出现其他问题
结案一个月后	再次与老人面谈	老人	王芳	老人现在已基本适应机构的生活，情绪状态正常，社会工作者在回访老人时正巧碰到老人在与机构的几位老人聊天，老人看到社会工作者时，十分开心	服务成果明显得到巩固，老人已基本回归正常生活。社工决定逐渐减少跟进计划
结案两个月后	向院内工作人员询问老人的现状	养老院	王芳	社会工作者向院内相关工作人员询问老人目前的日常起居、生活护理与康复治疗情况，了解到老人一切正常	社会工作者决定结束跟进服务

参 考 文 献

一、图书

[1] 陈卓颐. 实用养老机构管理[M]. 天津：天津大学出版社，2009.

[2] 梅陈玉婵，齐铱，徐永德. 老年社会工作[M]. 上海：格致出版社，上海人民出版社，2009.

[3] 徐永祥. 社区工作[M]. 北京：高等教育出版社，2004.

[4] 夏建中. 社区工作[M]. 北京：中国人民大学出版社，2009.

[5] 刘慧冠，林秀真. 长期照护机构（安养、养护型）操作手册[M]. 台北：双叶书廊有限公司，2014.

[6] 吕新萍，等. 小组工作[M]. 北京：中国人民大学出版社，2005.

[7] 刘嘉龙. 休闲活动策划与管理[M]. 上海：上海人民出版社，格致出版社，2011.

[8] 吴华，张韧韧. 老年社会工作[M]. 北京：北京大学出版社，2011.

[9] 全利民. 老年社会工作[M]. 上海：华东理工大学出版社，2006.
[10] 范明林，张钟汝. 老年社会工作[M]. 上海：上海大学出版社，2005.
[11] 凯瑟琳·麦金尼斯-迪特里克. 老年社会工作：生理、心理及社会方面的评估与干预[M]. 隋玉杰，译. 2 版. 北京：中国人民大学出版社，2008.
[12] 隋玉杰. 个案工作[M]. 北京：中国人民大学出版社，2019.
[13] 孟令君，刘利君. 养老服务机构管理人员能力培训辅导教程[M]. 北京：中国社会出版社，2012.
[14] 文军. 社会工作模式：理论与应用[M]. 北京：高等教育出版社，2010.
[15] 赵怀娟，宋宇宏，杨正霞. 医务社会工作[M]. 北京：北京大学医学出版社，2015.
[16] 何雪松. 社会工作理论[M]. 上海：上海人民出版社，2007.
[17] Kettner P M，Moroney R M，Martin L L. 服务方案之设计与管理：an effectiveness-based approach[M]. 高迪理，译. 4 版. 台北：扬智文化事业股份有限公司，2013.
[18] Beaulieu E M. A guide for nursing home social workers[M]. New York，NY：Springer Publishing Company，2021.

二、学位论文

[1] 李华. 养老机构初入住老年人社会适应问题研究：基于山西省 Y 市的小组工作介入[D]. 西安：西北大学，2019.
[2] 王帅. 提升养老机构社会工作专业服务质量研究：以 X 机构为例[D]. 南京：南京师范大学，2019.
[3] 谢俊伟. 机构半失能老人精神慰藉的小组工作介入研究：以 W 养老院为例[D]. 长春：长春工业大学，2019.

［4］高伯元.社会工作介入老年人对养老机构归属感的研究：以沈阳市H养老机构为例[D].沈阳：沈阳师范大学，2018.

［5］霍园园.新入住养老机构老人生活适应的小组工作实践[D].长春：长春工业大学，2019.

［6］张凤娟.养老机构社会工作者职业倦怠研究：基于深圳市X机构的调研[D].南昌：江西财经大学，2019.

［7］黄德杨.机构长照服务中社会工作的介入现状、困境及对策研究：以南昌市A养老机构为例[D].南昌：江西财经大学，2019.

［8］王秋月.医养结合机构中社会工作介入养老服务的效果研究：以长春市X医养结合机构为例[D].长春：长春工业大学，2020.

［9］宋丽华.个案社会工作介入失能老年人精神慰藉的研究：以济南市L养老机构中某老人为例[D].济南：山东大学，2018.

三、期刊论文

［1］王春晖.浅谈社会工作在养老机构中的两种发展模式[J].中国社会工作，2020(23)：42－43.

［2］彭小兵，蒋青芳.养老机构社会工作标准体系构建：路径与方法：基于重庆市Y养老机构的初步实践[J].标准科学，2020(7)：50－56.

［3］李修康，胡英利.社会工作在机构养老服务中的应用：以某市社会福利院为例[J].企业科技与发展，2019(3)：148－150.

［4］周绍宾，余彦波.养老机构中的社会工作[J].中国社会导刊，2007(18)：59－61.

［5］朱贺.社会工作介入养老机构服务专业化的研究[J].智库时代，2018(19)：42－44.

［6］苏子豪，陈爱如.社会工作介入我国养老事业的问题与完善策略[J].学理论，2020(5)：71－73.

[7] 许晓芸. 老化与照护：失能老人的长照困境与社会工作服务：基于B市Y社区的调查[J]. 社会工作，2019(1)：81－90.

[8] 闫熠天. 郑州市养老机构中社会工作发展现状探析：基于郑州市L医疗养老中心的调研[J]. 中国市场，2017(14)：178－179.

[9] 李万发，王震. 社会工作介入失能和半失能老人机构照护问题探析：以沈阳市W养老机构为例[J]. 长沙民政职业技术学院学报，2019，26(4)：6－10.

[10] 付敏红. 理性情绪治疗模式在老年个案工作中的应用：以养老机构老人入住适应介入为例[J]. 社会与公益，2020(2)：86－89.

[11] 陈娜，袁妮. 增能视阈下失能老人机构养老的社会工作介入探讨[J]. 中国老年学杂志，2018，38(2)：482－485.

[12] 梁娟娟. 社会工作介入养老机构临终关怀服务探讨：以广州G养老院为例[J]. 劳动保障世界，2018(20)：25－27.